全国职业院校国际贸易专业
“新形态”教材

21世纪高职高专规划教材
国际经济与贸易系列

国际贸易实务操作教程

主　编　李二敏　蒋立才　许　寒
副主编　卫　薇　孙训爽　王皓洁

International Trade Practice and Operation

中国人民大学出版社
·北京·

PREFACE

前言

2020 年，我国外贸继续保持稳中提质的势头，外贸进出口总值 31.54 万亿元，进出口、出口、进口规模均创历史新高。随着我国对外贸易高质量发展，外贸行业对人才的需求日益增加，因此必须加强对高素质技能型国际商务人才的培养。

为了能加强国际商务类专业学生实际操作能力的培养，我们校企合作组织编写了《国际贸易实务操作教程》。按照本教材学习训练，学生能掌握进出口业务中各个操作技能，从而实现与进出口业务实际工作岗位零距离对接。

本教材以进出口业务过程为主线，针对进出口业务中的各个工作环节需要的技能进行项目实训，按照进出口业务过程分为“客户开发”“交易磋商”“签订合同”“履行合同（CIF/信用证）”和“业务善后”五个项目。在介绍相关知识基础上，每个项目下根据核心技能安排示范任务和实训任务。本教材具有如下特点：

1. 操作内容系统全面

本教材重点涵盖出口业务全过程，共设计了 17 个任务。其中，既有业务操作中所必备的基础知识，也包括相关拓展知识；既有操作示范，也有项目实训。

2. 操作素材来自实际

在本教材的编写过程中，我们深入企业，搜集了大量的实际业务素材，并将这些素材加工整理，作为教材中各个示范任务和实训任务的背景材料，使学生通过项目实训了解实际业务，保证了训练内容的实用性。

3. 融入外贸最新操作

由于国际贸易政策、方式、手段等日新月异，因此本教材内容融入了当前我国进出口业务的最新操作内容，如跨境电商、出口信用保险、单一窗口等。这些外贸最新操作内容的融入，能使教材内容符合当前行业、企业的最新需求。

4. 创新教材编写形式

为适应国家职业教育改革的要求和“互联网+”教育的发展，本教材在编写形式上采用了工作手册式、任务驱动式、电子资源辅助式等新形式。学生可以通过扫描书中二维码，获得相关电子教学资源。

本教材由李二敏、蒋立才、许寒担任主编，参加本教材编写的成员均具有丰富的国际商务实际工作经验和教学经验，其中，蒋立才是安徽省和福经贸发展有限公司董事长。参加本教材编写的成员及分工如下：李二敏（项目二），许寒（项目三），夏青海（项目一、五，以及项目四任务6），王皓洁（项目四任务5），曹云（项目四任务4），卫薇（项目四任务1、3），孙训爽（项目四任务2、7）。全书由许寒负责总纂、初审，李二敏、蒋立才做了最后的修改和审订，安徽中澳科技职业学院的谷莹老师也参与了教材的编写。本教材在编写过程中还得到了其他很多业内人士的指点和帮助，在此一并表示衷心的感谢。

本教材适用于应用型国际商务类专业、具有一定进出口业务知识基础的学生进行校内实训，也可作为即将从事国际商务业务人员的岗前培训教材。由于编写时间仓促，编者水平有限，书中错误或不当之处在所难免，敬请同行专家、业内人士和读者批评指正。

编　者

2020年10月

CONTENTS

目录

项目一

客户开发

项目概述

在国际贸易中，客户开发始终是个永恒的话题，是交易过程的开始，也是国际贸易企业能否做大做强、赢得更高市场占有率的能力体现。

客户开发主要是通过参加展会、网络推广、老客户推荐、广告投放、企业宣传等手段，通过邮件、面谈、寄样等形式，在尽可能短的时间内，博得客户的信任和好感，从而建立合作关系。客户开发的能力主要体现在外销人员对所销售产品的熟悉程度、对市场竞争力的理解，以及对客户需求的心态分析。

本项目主要介绍客户开发的基本方法和手段，当前在国际贸易市场开发过程中使用的主要网络平台和推广方法，以及参加展会的方法和过程。

客户开发途径

基础知识

一、网络开发客户的流程

网络开发客户的渠道很多，包括通过国际贸易专业平台、行业展会网、网络搜索引擎等寻找、开发客户。其中，最常用的是国际贸易专业推广平台，如阿里巴巴（http://www.alibaba.com），环球资源（http://www.globalsources.com）和中国制造（http://www.made-in-china.com）等；另外，通过选择关键词、产品橱窗、产品图片等在国际搜索引擎（如 Google、Yahoo）投放广告、付费推广，从而使国外买家在需要时通过搜索可以发现出口企业的网站、联系方式和产品服务等，也是开发客户的常用渠道之一。国外买家通过网络平台的即时聊天工具（如 Trade Manager）或电子邮件向出口商发出询盘，通过反复磋商，从而达成交易。下面以阿里巴巴国际贸易平台为例介绍客户开发的具体流程。

（一）注册会员

登录官方网站（https://www.alibaba.com），申请会员账号，完成会员注册。

（1）需要首先注册法人公司，取得工商企业营业执照，然后完成会员注册（如图 1－1 所示）。

（2）联系所在地的阿里巴巴客户经理，选择服务套餐、签订合同，缴纳费用。

（3）登录官方网站，提交公司认证信息，等待审核通过。完成认证后，即可准备营业。

图 1-1　注册阿里巴巴国际贸易平台会员

（二）登录会员账号，发布产品信息

如图 1-2 所示，登录会员账号后即可发布产品信息。

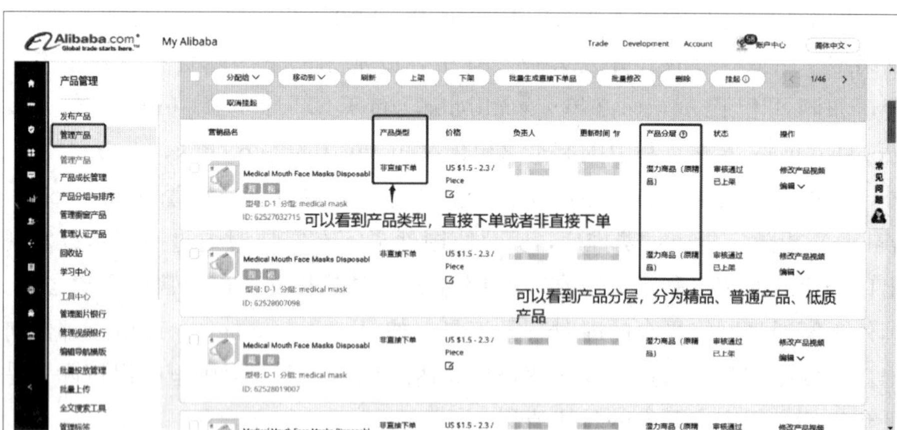

图 1-2　发布产品信息

（三）查找买家信息，洽谈合作机会

如图 1-3 所示，可在阿里巴巴国际贸易平台查找买家信息，并洽谈合作机会。

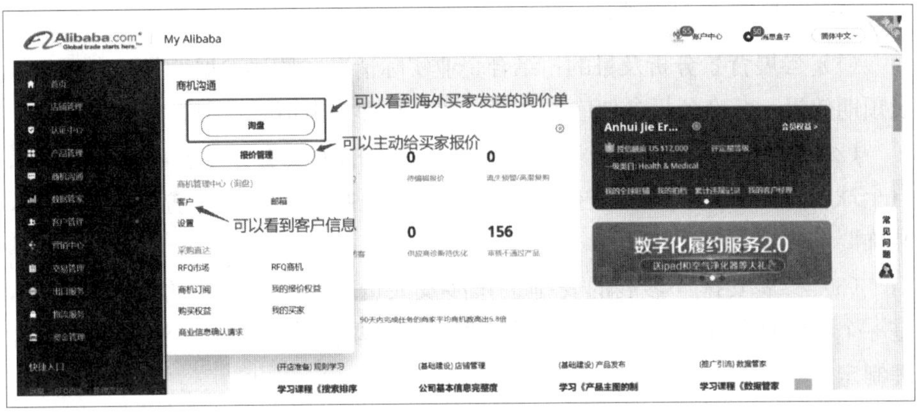

图 1－3　查找买家信息

二、展会开发客户的流程

参加相关展会是外贸企业开发客户的主要途径之一。全球每年举办的国际性展会很多，可以分为综合性国际展会和专业性国际展会。外贸企业可以根据自己的需要有针对性地选择参加。下面介绍参加展会的主要流程。

国际贸易会展概述

（一）参展申请

每届广交会（中国进出口商品交易会）前 4 个月左右，拟参展企业需提前准备资料，登录广交会“参展易捷通”系统（https://exhibitor.cantonfair.org.cn/），登记、填报企业及展品信息，进行展位申请（如图 1－4 所示）。完成网上申请登记后，报送所属交易团联系办理后续相关事宜。

所需资料或信息包括企业营业执照、企业海关登记证书、进出口代码、纳税人识别号、企业介绍（中英文）、企业法人名称、主营产品关键字（中英文）等。

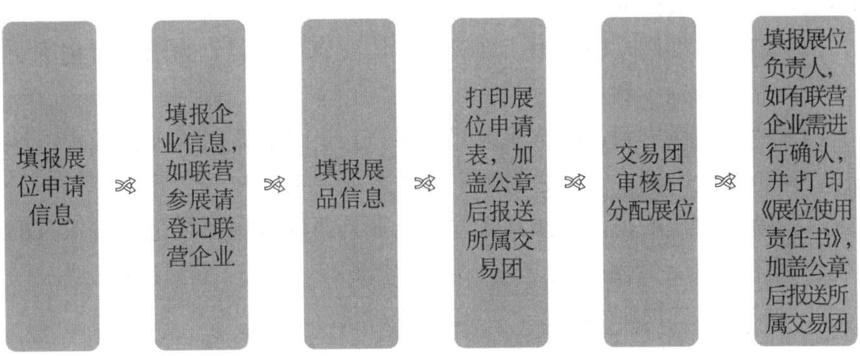

图 1－4　展位申请流程

（二）拟写参展计划书

(1) 参展背景分析及目的：结合企业实际情况，阐述参展背景、参展目标及预期效果，精准分析参加广交会哪一期、最理想申请哪一个展馆和展台等。

(2) 参展展品介绍：由于广交会是国际性的大展会，主要的专业客商来自全球各地，展品及宣传资料必须与展会主题吻合，展台布置要科学合理，装饰要美观大方等。

(3) 参展安排：参展的安排工作涉及人员、物资、具体的营销计划等，是一个系统性的工作，各家企业的参展计划都要结合自身实际情况具体、合理制定。

（三）展前准备

(1) 了解自己产品适合的市场、相关行业背景，以及主要竞争对手、主流客户情况。

(2) 各参展人员对参展样品、画册、参数表、价格表等卖点、信息一定要熟记，尤其是对新品的技术含量、等级、认证情况等要提前了解，便于客户现场询问。

(3) 结合往年经验或预测推算，多准备一些产品宣传画册、推广资料等，最好提前定制一些推广礼品并印上企业的主打产品及联系方式。

(4) 提前准备一些现场洽谈物料、办公文具等，例如：整机的部件样品、色卡样册、名片、计算器、订书机、U 盘、精品糖果，等等。

（四）展中谈判

在展中谈判时，由于时间短、人员杂，谈判双方都需要相互合作，共享准确信息，围绕谈判的核心问题，高效地完成谈判，以期达成业务。展中谈判需要做到以下四个遵守：

(1) 遵守量准则，即做到在通常情况下，开门见山地表达沟通目的，注重实效，不浪费彼此的时间。

(2) 遵守质准则，即展中谈判双方言语要真实可信，力求语言精准、规范，从而保证谈判顺利进行。

(3) 遵守关系准则，即企业内部要划分若干个洽谈区域来分别跟进客户来访，避免企业内部、客户之间由于竞争造成关系不和。

(4) 遵守方式准则，即谈判双方可能来自不同的国家或地区，双方的价值观、文化背景、经商手段、谈判习惯等都不一样，一定要本着“求同存异、共谋发展”的原则和态度，实现互利共赢。

（五）展后事宜

(1) 对展会中所遇到的客户给予及时的回复，争取主动。

(2) 将客户和潜在客户信息输入客户数据库，分类施策跟进。

（3）总结此次参展的经验和不足，为下次参展做好更充分的准备等。

操作示范

▶ 示范任务 1　通过网络平台寻找客户

※任务描述※

我方公司（SEA IMPORT AND EXPORT CO.，LTD.）是从事鞋业进出口贸易的一家专业外贸公司，公司地址为安徽省合肥市长江路 2 号，公司电话为 0551-12345678，联系人为 Sea，联系邮箱为 sea@sina.com。

任务要求：（1）在阿里巴巴上注册一个账号并开通“出口通”，为业务员 Lisi 设置一个子账号；（2）发布一个产品，并要求利用平台寻找新客户或与老客户进行再次沟通交流，便于进一步洽谈合作。产品的具体信息如下：

产品名称为“High Hell Shoes”，属于公司新开发的“Lie_fallow”女款春季休闲扣带鞋产品，型号为 WS-25，原产地为安徽，鞋帮材料为真皮，鞋里材料为棉布，内底和大底材料为聚氯乙烯，颜色有白色、黑色、绿色、黄色和桃红色，尺寸大小从 12 厘米到 15 厘米，每双鞋连包装盒共 1 千克，包装尺寸为 40 厘米×20 厘米×10 厘米。100 双以内（含 100 双）单价为 15 美元，备货期为 3 天；500 双以内（含 500 双）单价为 12 美元，备货期为 4 天；2 000 双以内（含 2 000 双）单价为 10 美元，备货期为 6 天。希望在阿里巴巴网站中可以通过关键词“Shoes”“Leisure”搜索到产品信息，同时可以找到卖家（Suppliers）。

※任务分析※

随着“互联网＋”国际贸易的进一步发展成熟，网络营销是外贸企业开拓业务的新兴方式，是开发外贸客户的一个有效途径。我方公司可以借助阿里巴巴国际营销平台，注册会员、发布产品、寻找客户、洽谈合作。

※任务实施※

一、会员注册申请

（一）登录阿里巴巴网站注册

（1）启动浏览器。在地址栏输入（http://www.alibaba.com），进入阿里巴巴网站，点击“Join Free”超链接或“Join Free Now”按钮，如图 1－5 所示，进入注册窗口。

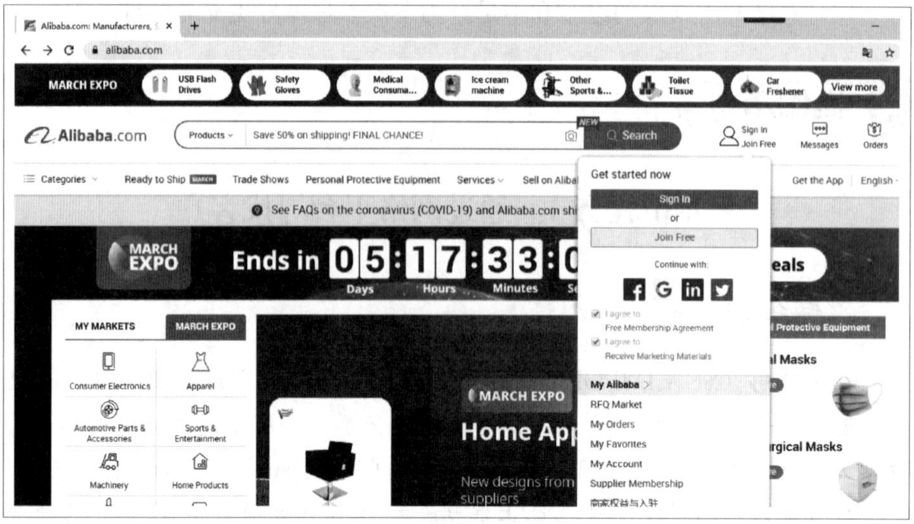

图 1-5　登录阿里巴巴网站注册

（2）填写注册信息。在图 1-6 中填写相关的注册信息，填完后单击“Create My Account”（创建新账户）按钮，向网站提交个人（或公司）的信息。

图 1-6　填写注册信息

注意：打星号的部分是必填部分。填写的信息如果格式是对的，将在这一栏的后面出现“✔”符号，否则将出现错误提示。

（二）注册“出口通”

如果想在阿里巴巴平台上注册成出口企业，并发布产品信息，则要注册“出口通”并付一定的年费。在图 1－7 中单击“立即申请”按钮，进入到图 1－8 的界面，核对信息，然后点击“提交申请”按钮，缴费并通过认证后就可以使用。

图 1－7　申请“出口通”

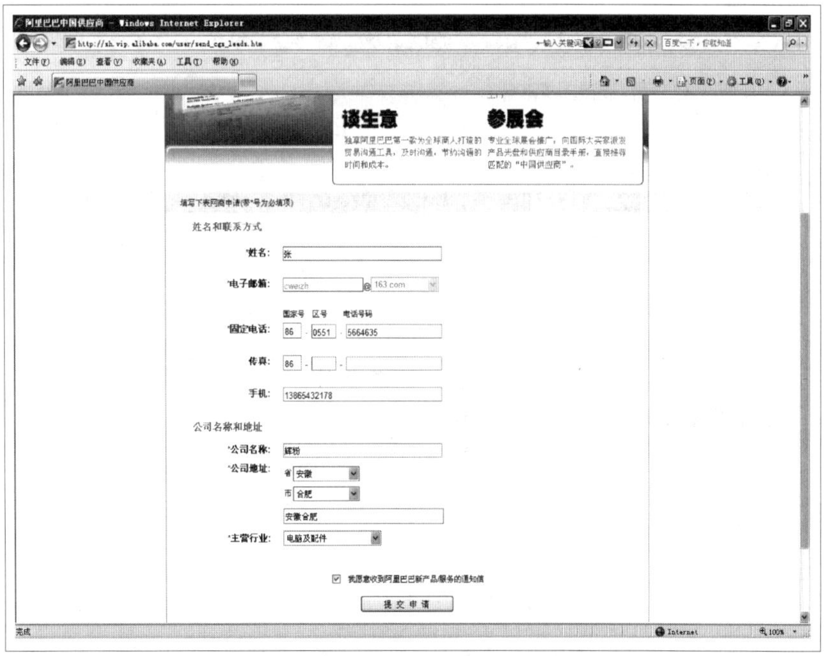

图 1－8　填写“出口通”注册信息

（三）子账号设置

阿里巴巴的一个主账号可以设置 5 个子账号，在主页上选择“My Alibaba”→“Message Center”（如图 1－9 所示）进入信息中心，选择“账号设置”选项的“添加子账号”按钮，填写相应的内容，然后单击“添加”按钮即可（如图 1－10 所示）。

图 1－9　进入信息中心

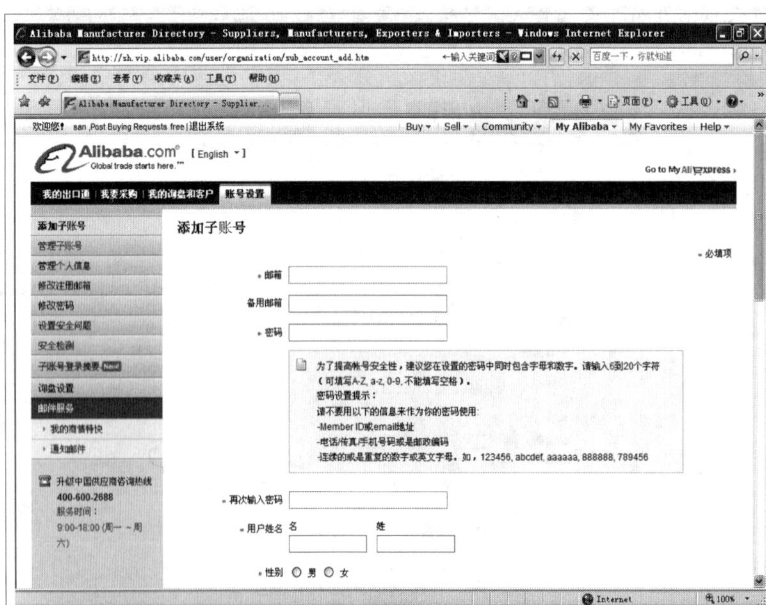

图 1－10　添加子账号（部分页面）

小贴士

阿里巴巴网站会员注册申请的详细步骤如下：

(1) 启动浏览器，在地址栏输入“https://www.alibaba.com”，进入阿里巴巴网站，点击“Join Free”超链接或“Join Free Now”按钮，进入注册窗口，填写注册信息（如图1-6所示）。

在Business Location栏选择“China (Mainland)”；

在I am a栏选择“Supplier”；

在Name栏的First Name框中填写“Sea”，Last Name框中填写“Lee”；

在Company Name栏中填写“SEA IMPORT AND EXPORT CO., LTD”；

在Tel栏中填写“86-0551-12345678”；

在E-mail栏中填写“sea@sina.com”，这也是账号的登录邮箱，一定要记住；

在Create Password和Re-enter Password栏中填写相同的密码，需要注意的是，这个密码不是邮箱密码，而是登录阿里巴巴网站的密码，一定要记住；

在Enter the code shown栏中输入后面所显示的字符，输入时区分大小写，如果看不清楚，可以点击后面的“Load new image”按钮，更换一张图片。

填好上面的信息后，点击“Create My Account”按钮即可。

(2) 注册我的“出口通”，点击“我的出口通”选项下的“立即申请”按钮（如图1-7所示），检查显示的信息与填入的信息是否一致，在公司地址栏输入安徽省合肥市长江路2号，点击“提交申请”按钮。

(3) 添加子账号，点击“账号设置”选项下的“添加子账号”按钮，填写子账号的相关信息（如图1-10所示）。

在邮箱栏填写Lisi的邮箱“lisi@sina.com”；

在密码栏和再次输入密码栏填写Lisi的密码“lisi123456”；

在用户姓名栏的名框中填写“Si”，姓框中填写“Li”；

在性别栏选择“男”；

在账号类型栏选择“业务员”；

在电话栏填写“86-0551-12345678”；

在联系地址栏的省/州框中填写“Anhui”；城市框中填写“Hefei”；街道地址框中填写“Changjiang Road 2#”；

在邮编栏填写“230001”；

在验证码栏输入右边的字符，注意大小写；
点击“添加”按钮进行添加。

二、发布产品相关信息

（一）发布信息的流程

（1）打开浏览器。在浏览器的地址栏输入阿里巴巴网站的地址“http://www.alibaba.com”，进入阿里巴巴的主页（如图1－5所示）。

（2）登录账号。点击图1－5中的“Sign In”按钮，进入登录窗口（如图1－11所示），输入注册时的邮箱和密码，点击“Sign In”按钮即可。

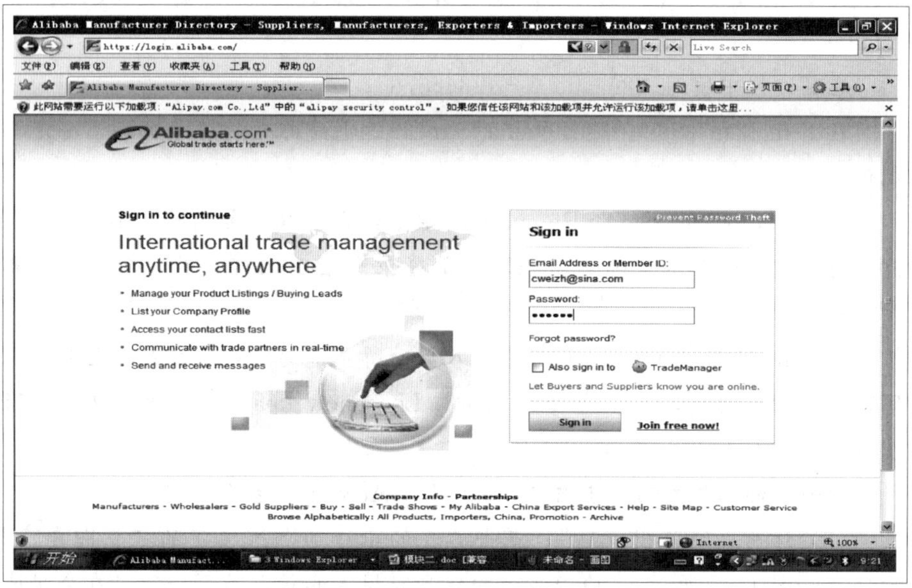

图1－11　登录账号

（3）发布产品。在阿里巴巴的主页选择“My Alibaba”下的“Display New Products”进入全球速卖通，选择“Sell”选项，点击“Display Wholesale Product”按钮，进入产品发布窗口，如图1－12所示。填写并提交相关的产品信息后，即可完成产品的发布。

（二）发布信息应注意的事项

在网站上发布了自己的产品，并不表示完成了全部工作，因为网上同类产品很多，客户在搜索到相关产品后，大多选择联系前几家，所以让自己的产品在前几位显示出来非常重要。阿里巴巴现在已经取消竞价排名，在众多的信息发布栏中，企业的信息能否排在前列，关键看企业在阿里巴巴网上的操作频率。如果在产品发布时注意以下几个方面，对提高排名是有帮助的。

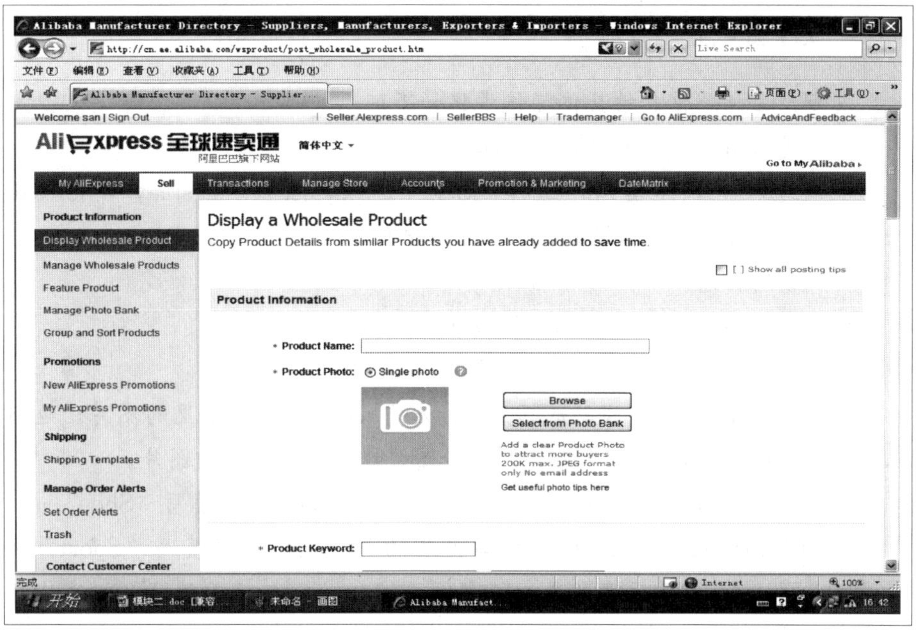

图 1-12　发布产品

（1）不要发布重复信息。并不是发布的信息多，客户看到的概率就会增大。如果客户进入网站看到大量的重复信息，就只能带来相反的效果，会造成客户的不信任感。但注意，要及时更新信息。

（2）标题要简单明了。标题要让客户一看就能明白你的产品，不要写太长，因为客户会仔细查看详细描述的。但太烦琐或太简单的标题也会造成搜索的效果不好。

（3）详细描述要尽可能详细。详细描述等于是对产品的宣传词，如果好不容易吸引人来看了，但描述写得很差，就会让客户一下就失去兴趣。毕竟想要交易的客户需要产品的最细节描述。另外，最好配上细节图片。

（4）使用高质量的图片。高质量的图片对于产品是非常重要的，毕竟客户在网上无法看到实物，如果没有图片或者图片很小、很模糊，给人的第一印象就差了。如果一个产品有广告般质量的配图，给人的吸引力就大大增加了。另外，要尽量提供多角度的图片。

（5）关键词的重要性。填写的关键词对搜索是很重要的，关键词中应该包含产品的专业名称和更宽泛层次上的名称，甚至是大类的名称，这样被搜索到的概率将会加大。另外，要从客户的角度去考虑关键词的设置，充分考虑客户的语言习惯、文化背景等。

（6）分类的选择。选择最合适的分类显然可以增加交易的机会。

（7）为产品创建系列。如果产品数量很多，则将产品归入不同的系列中会让网站更整洁，让客户查阅的时候更清晰、更有条理。

小贴士

发布产品相关信息的具体操作步骤如下：

(1) 进入阿里巴巴网站，登录账号。

(2) 进入全球速卖通，选择“Sell”选项，点击“Display Wholesale Product”，进入产品发布界面，如图 1－12 所示。

(3) 填写信息。

1) 产品基本信息（Product Information）。

① 在 Product Name 栏填写“High Hell Shoes”。

② 上传产品图片，可以选择“Browse”按钮上传电脑里的图片，也可以选择“Select from Photo Bank”上传图片银行（集）里的图片。

③ 在 Product Keyword 栏中填写产品的关键词，这里填写“Shoe”。

④ 在 More Keywords 栏中填写更多的关键词，这里填写“Sport”和“Leisure Shoe”；需要注意的是，所有的关键词必须在后面的产品描述中体现出来，这样才便于客户在搜索时迅速找到产品。

⑤ 选择产品的类别，点击“Product Category”后面的下拉按钮，在弹出的框中选择“鞋类”中的“休闲鞋”，然后点击旁边的“Click here”按钮保存选择，如图 1－13 所示。

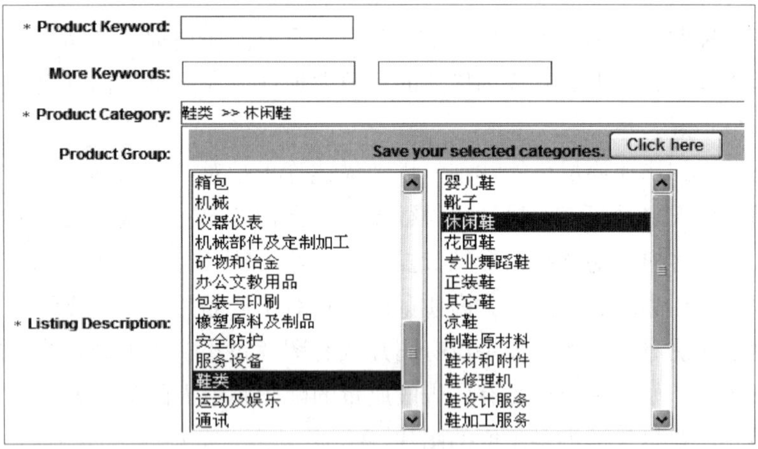

图 1－13　选择产品的类别

⑥ 确定产品组。点击“Product Group”后面的下拉按钮，选择或新建一个产品组，本题新建一个产品组，点击“Insert a new product group”，在弹出的对话框中输入产品组的名称“lie_fallow”，然后点击“Create”按钮，如图 1－14 所示。

⑦ 填写产品属性（详细信息）。在 Product Details 栏中填写产品的详细信息，包括产品原产地、品牌、型号、适合人群、材料、款式、季节、颜色、尺寸等，如图 1－15 所示。

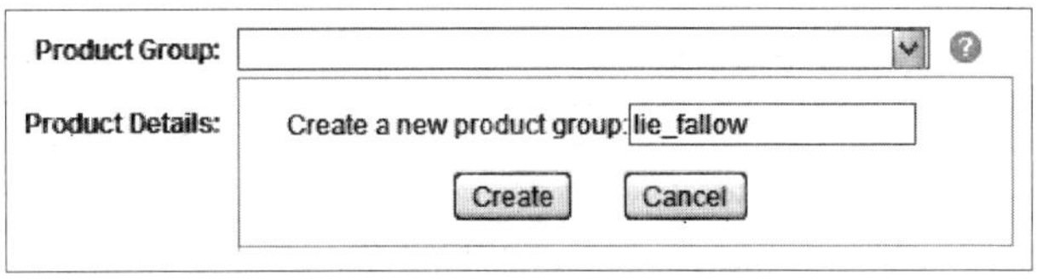

图 1-14　确定产品组

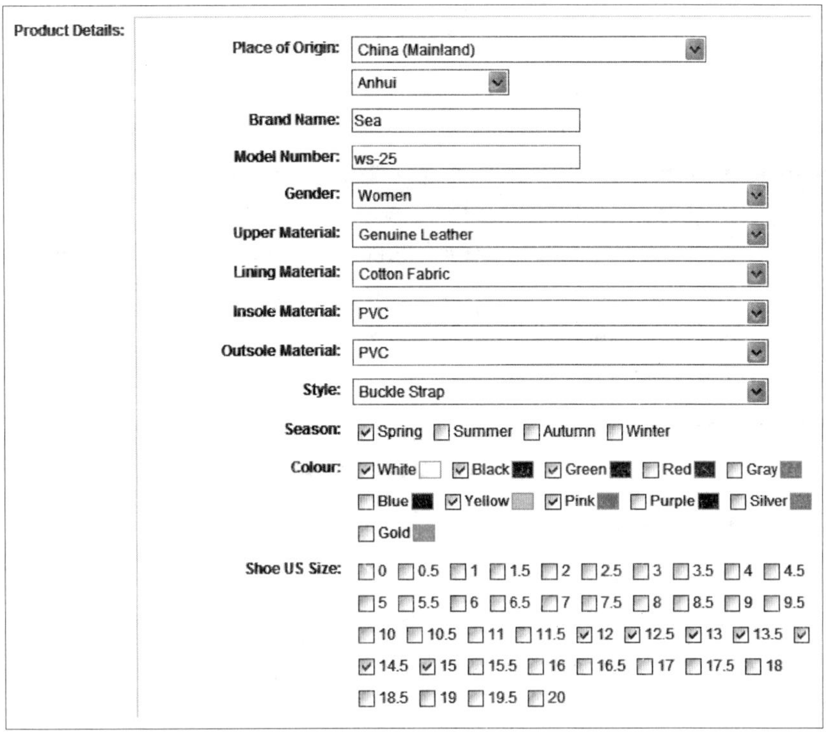

图 1-15　填写产品属性（详细信息）

⑧ 填写产品简要描述及优势。在 Listing Description 栏中输入的文字不得多于 128 个，不得超过 5 行，不要输入 HTML 代码或邮箱地址。

2）产品的详细描述（Detailed Description）。

在编辑框中详细描述产品，包括产品的功能属性、细节图片、支付物流、售后服务、公司实力等内容。

3）产品的包装信息（Packaging Details）。

填写产品包装的相关信息，包括最小计量单位（Unit Type），销售方式（Sold In），产品包装后的重量（Weight），产品包装尺寸（Package Size），如图 1-16 所示。

4）产品价格（Product Price）。

填写产品价格，根据采购量的不同确定不同的价格，如图 1-17 所示。如果产品的区间超过 4 种，可以点击 “Add Another Row” 按钮增加行；如果要自己设计产品规格，可以点击 “Add more Specifications”。

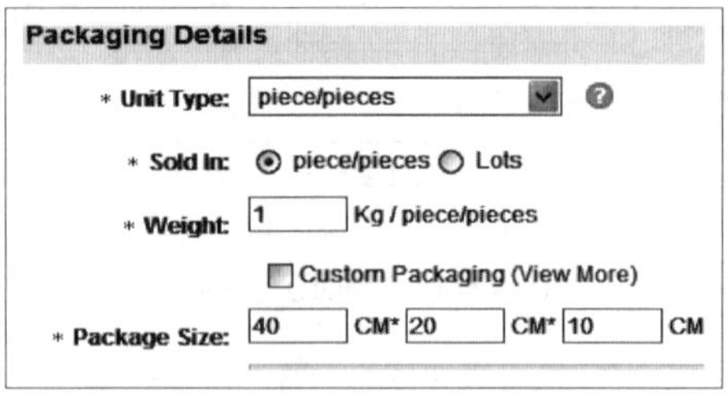

图 1-16　填写产品的包装信息

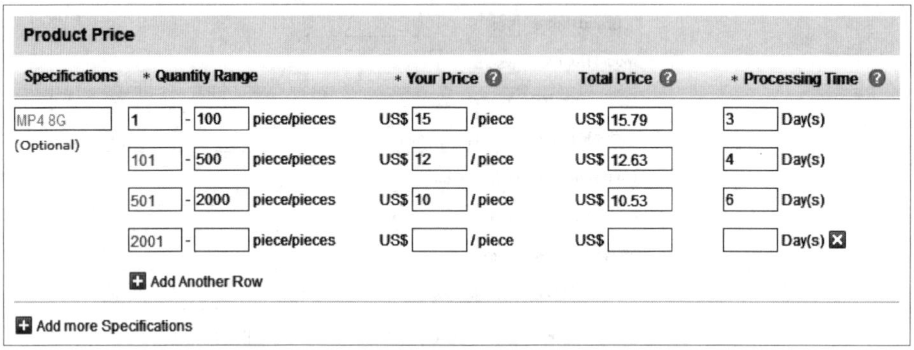

图 1-17　填写产品价格

5）选择运费模板（Choose Shipping Template）。

从设计的运费模板中选择一即可。

6）其他信息的填写（Other Details）。

选择是否支持 Escrow，填写产品有效期（Offer Valid For）、自动重发条件（Automatically Resend Once），同意网站相关协议条款等。

（4）提交。点击“Submit”按钮，将发布的产品提交到网站。

三、通过网站平台开发客户

产品信息发布在网络上后，企业不能消极地等待客户，而应积极地寻找客户，主动与客户联系，这样才能更好地推销自己的产品。阿里巴巴网站每天都会有成千上万的产品需求信息，企业可以根据需要随时利用平台寻找新客户资源或与老客户进行联系。具体步骤如下：

（1）登录阿里巴巴网站。

（2）选择要查找的产品类别，在左侧 Categories 导航条下选择产品类别。

（3）查找买家，在网站的 Buyers 版块中选择。

（4）输入查找的关键词，在 Search Products 框中输入所要查找的产品的关键词。

（5）选择国家或地区，在 Select Country/Region 下拉列表中选择要在哪个国家或地区进行查询。

以上步骤如图 1－18 中粗框标注的部分。

图 1－18　通过网站平台开发客户

（6）选择客户进行联系，寻找到客户后，点击旁边的“Contact Now”按钮进行联系，或者点击“Offline”按钮留言。

另外，也可以点击主页右侧的“Advanced Search”按钮进行查找，具体操作基本相同，这里就不赘述了；如果要查找卖家，只要点击“Suppliers”按钮即可，其他操作与寻找客户的步骤相同。

▶ 示范任务 2　拟写参展计划书

※任务描述※

宁海万盛电器有限公司（以下简称“万盛电器”）于 2000 年在浙江省宁海县创立，2008 年在浙江省三门湾新区设立主要生产基地。2009 年，万盛电器开发了自主品牌——奥克索无叶风扇系列产品，促进了公司的长远发展。2010 年，奥克索品牌正式在中国市场推广。万盛电器投资总额 2 000 万元，厂房建筑面积 3 000 多平方米，采用现代企业管理模式，在全体员工的努力下，公司日益发展壮大。“不断创新，追求完美”是万盛人一致目标，自成立以来，万盛电器一直坚持“以品质求生存，以效率求发展”的经营理念，赢取了国内外客商的信赖。但公司对现状并不满足，且在外贸形势的压力下，出口生产企业利润越来越低，改变这种状况的最佳方法就是自主创新、技术变革、创建自己的品牌。奥克索品牌的负责人说："无叶电风扇只是奥克索品牌的产品之一，今后，我们还会生产更多创新的产品出来，让奥克索电器成为中国家电行业创新技术的企业领军者，这个是公司的最大目标。"

为了打响奥克索电器自主研发的"奥克索无叶电风扇系列产品"的品牌知名度，公司决定参加2019年秋季广交会。请你代表万盛电器拟写一份参展计划书。

※任务分析※

根据上述资料，我们可以从以下几个方面着手拟写参展计划书：

（1）参展背景分析及目的。写明公司参展背景及目的，和广交会的定位是否吻合，是否需要参加广交会。

（2）参展展品介绍。由于广交会是国际性的大展会，主要的专业观众来自国外，因此，准备的所有宣传资料都应以英文为主。

（3）参展的工作安排。参展的工作安排涉及人员、物资、具体的营销计划等，是一项系统性的工作。每个公司的参展计划可根据实际情况有所不同。在参展计划中要写明参展的一些注意事项，以供工作人员参考。

※任务实施※

下面是宁海万盛电器有限公司参加广交会的计划书：

宁海万盛电器有限公司奥克索无叶电风扇产品
2019年秋季广交会参展策划方案

一、前言

我公司于2000年在浙江省宁海县创立，2008年在浙江省三门湾新区设立主要生产基地。2009年，公司开发了自主品牌——奥克索无叶风扇系列产品，促进了公司的长远发展。2010年，奥克索品牌正式在中国市场推广。公司投资总额2 000万元，厂房建筑面积3 000多平方米，采用现代企业管理模式，在全体员工的努力下，公司日益发展壮大。"不断创新，追求完美"是万盛人一致目标。自成立以来，公司一直坚持"以品质求生存，以效率求发展"的经营理念，赢取了国内外客商的信赖。但公司对现状并不满足，且在外贸形势的压力下，出口生产企业利润越来越低，改变这种状况的最佳方法就是自主创新、技术变革、创建自己的品牌。无叶电风扇只是奥克索品牌的产品之一，今后，我们还会生产更多创新的产品出来，让奥克索电器成为中国家电行业创新技术的企业领军者，这个是公司的最大目标。

为了打响奥克索电器自主研发的"奥克索无叶电风扇系列产品"的品牌

知名度，我公司决定参加2019年秋季广交会。

二、参展时间

2020年10月15—19日9:30—18:00。

三、参展地点

广州海珠区阅江中路382号琶洲展馆A区、B区与C区。

四、参展展品

主要是奥克索无叶电风扇系列产品，辅以传统奥克索产品。

五、参展人员

销售人员、技术人员、后勤人员等。

六、参展面积

48平方米。

七、参展安排

（一）展前准备

1. 参展申请、展台准备和展位布置

每届广交会前4个月左右，申请人企业结合自己的实际情况，登录广交会“参展易捷通”系统（https://exhibitor.cantonfair.org.cn/），登记、确认企业及展品信息，进行展位申请。完成网上申请登记后，与所属交易团联系办理后续相关事宜。

展前重要准备工作就是确定参展主题和展位布置。为了突出产品“清凉”的特点，将展位主色调设为清爽的淡蓝色，现场注意用绿色植物装点，突出生态绿色的理念。

2. 代理商、经销商、OEM（原始设备制造商）客户等邀请及策略

（1）由渠道人员提前通过发送邀请函的方法约好意向代理商等参加展会。

（2）准备一些可以一分为二的礼品，把其中之一在展前先随邀请函寄给代理商等，让他们必须到展位上才能凑成完整的一份礼品。

（3）制作印有公司标志和名称的挂绳于现场免费派发给参观者。由于这些挂绳通常都制作精美，因此大部分参观者得到这些挂绳后都很乐意挂在自己的入场证上，参观者佩戴这些醒目的挂绳在场内走动，相当于许多流动的广告牌在免费为公司做宣传。

（4）代理商、经销商、OEM客户等参会可以参加抽奖，有机会获得数码摄像机和手机等奖品。

3. 参展物料

（1）宣传资料主要有：代理商邀请函、公司简介、公司文化衫、产品宣传册、海报、赠品等。

（2）洽谈资料主要有：名片、笔记本、订书机及相关合同样本等。

（3）服务资料主要有：客户资料统计表、嘉宾签到表等。

（二）展中安排

1. 产品促销活动

（1）当场签订代理合作合同的代理商给予一定的优惠（另议）。

（2）当场签订合同的代理商可以按条件获得蓝牙耳机、品牌智能手机、数码相机等赠品。

2. 媒体报道

（1）公司网站进行同步报道，并在 WhatsApp/WeChat/QQ 朋友圈/抖音推送相关信息。

（2）邀请广州、深圳、北京等地媒体报道。

（3）各大论坛/BBS/博客宣传。

（4）其他活动策划。

（三）展后安排

（1）代理商的追踪跟进。

（2）此时宣传主要是针对展会所洽谈的代理商、经销商和 OEM 客户的跟踪追访，把展会上的火热场面拍成视频在 WeChat/QQ 朋友圈/抖音推送，加大宣传力度。

（3）网站的后续报道。

（4）回程后邮件相互问候及跟踪待定事宜等。

八、参展预算

参展费用预算如表 1-1 所示。

表 1-1　参展费用预算

费用项目	单位	金额（单位：元）
一、展位费项目 1. 展位费（场地及标准展台搭建） 2. 室内光地（起租面积为 48 平方米） 3. 注册费	平方米	 27 000 126 720 2 100
二、展示厅的搭建费	立方米	3 900
三、相关礼品的准备	份	16 000
四、参展人员的住宿、饮食费用	人	……
注： (1) 如有其他未尽项目，将按实际情况增补。 (2) 展示厅搭建不足 0.5 立方米按 0.5 立方米计算。 (3) 如展品回运，则按实际发生费用另计。 (4) 如展出设备需提供水电安装，所需费用按现场收费标准在展出时当场支付。 (5) 参展单位如需增租其他展具，可填在申请表上，费用另计。 (6) 人员费用根据国际机票费季节浮动进行调整。		

九、参展效果预测

（1）公司的销售渠道将首次开拓，产品开始进入市场，渠道框架初步构成。

（2）公司新产品借此平台得到很好的宣传，公司新形象得到推广。

（3）品牌得到初步的建立和推广，在一个较高的平台提高了品牌的美誉度。

（4）得到部分终端客户的签单。

（5）获得客户资料，为以后市场推广提供第一手资料。

十、参加广交会应该注意的问题

（1）展会期间关注笔记本的存放，防止被人偷窃。

（2）关注被邀请代理商的行踪，及时接待。

（3）在展会期间，参展工作人员不能在现场吃东西，要体现出国际品牌的水准，保持展厅干净整洁。

（4）每天闭馆后要及时开总结会，总结一天的工作，发现问题及时解决，整理代理意向书，重要的大客户尽量当天晚上就约见。

（5）参展工作人员衣着要统一，体现出公司良好的精神面貌和国际品牌的风范。

（6）列出物品清单，依照物品清单整理东西，防止遗漏。

（7）要重视所有细节。

拓展知识

一、国际贸易主要平台简介

（一）阿里巴巴国际站

阿里巴巴国际站是企业化的站点，是全球领先的跨境 B2B 电子商务平台，专注于全球中小微企业在线高效接洽与沟通，借助平台的担保，中小微企业能更快、更放心达成交易。其中，阿里巴巴一达通外贸综合服务平台还提供一站式报关、通关、退税、物流等服务，指导外贸出口企业按流程操作，减少操作失误，有效控制风险，提升对外贸易的效率、质量。

（二）AliExpress（速卖通）

AliExpress（速卖通）被广大卖家称为“国际版淘宝”，是阿里巴巴旗下向全球打造的在线交易平台，面向全球买家，通过支付宝国际账户进行担保交易，使用国际快递发货，适合中小微企业批发、零售。AliExpress（速卖通）是融合订单、支付、物流于一体的外贸在线快速交易平台，整个操作页面简单，初级卖家容易上手，投入成本较小，且侧重于美国、俄罗斯、西班牙、巴西等人口众多、商机众多的新兴市场，是外贸行业“白手创业”的不二选择。

（三）DHgate（敦煌网）

DHgate（敦煌网）是全球领先的在线外贸交易平台，致力于帮助中小企业通过跨境电商平台走向全球市场。作为B2B平台创新者，DHgate（敦煌网）采用EDM（电子邮件营销）的营销模式，低成本、高效率地拓展海外市场，开创了“成功付费”的在线佣金模式，卖家免费注册，只有在买卖双方交易成功后才收取相应的手续费，将传统外贸的电子商务信息平台升级为真正的在线交易平台。

（四）Amazon（亚马逊）

Amazon（亚马逊）是全球最早的电子商务平台之一，对国际贸易模式革新影响巨大。在目前所有的第三方跨境平台中，Amazon（亚马逊）对卖家资格要求比较高，且对商品的品牌、质量标准、品牌影响力等都有要求，买卖双方交易的手续也比较复杂，其主要市场在北美，支持个人和企业注册，但“全球开店”必须是企业。Amazon（亚马逊）的物流Fulfilment by Amazon（简称FBA）提供仓储、拣货打包、派送、收款、客服及退货处理等服务。

（五）Wish

Wish是一款跨境电商App，其产品主要有服饰、装饰品、电子产品等。Wish平台兴起于美国，但主要货源来自中国，人气指数非常高，其利用智能推送技术，可以关联已有的Facebook和Google账号，支持私人定制模式，能精准营销，最适合年轻消费群体，买家对价格不敏感，未来的增长潜力非常巨大。

（六）eBay

eBay是一个可以让全球民众上网买卖商品的线上拍卖及购物网站，其运营成功的关键是“选品”，其运行模式类似于国内的淘宝，每天有数以万计的产品上线，涉及产品种类非常多，买家可以选择通过竞拍或者定价拍卖方式购得产品，其主要市场在欧洲、美洲等成熟市场。eBay开店门槛低、手续相对比较简单，适合想从事国际零售外贸人群的创业、就业，但上线的产品一定要迎合当地市场的消费习惯、要对路，最好能打造“爆款”产品。eBay的运作规则偏向于买方，其付款方式PayPal有一定的滞后性，一旦遇到产品质量及售后纠纷等，收款风险比较大。

二、国际贸易主要展会简介

（一）中国进出口商品交易会

中国进出口商品交易会（俗称广交会或Canton Fair）自1957年春季创办以来，从来没有间断过，每年春秋两季在广州举办，由商务部和广东省人民政府联合主办，中国对外贸易中心承办，是中国目前历史最长、规模最大、商品种类最全、到会采购商最多且分布国别地区最广、成交效果最好、信誉最佳的综合性国际贸易盛会，是中国对外贸易的窗口，截至2020年已成功举办128届。据统计，每届广交会有2万多家境内外供应商参展、200多个国家或地区的近20万名境外采购商参展，大部分采购商都有明确的采购意向，客户信息价值高，目前看是最好的、最有效的开拓市场、对接新老客户的外贸平台。

（二）中国国际进口博览会

中国国际进口博览会（简称进博会或CIIE）是迄今为止世界上第一个以进口为主题的国家级展会，是国际贸易发展史上的一大创举，是中国政府坚定支持贸易自由化、经济全球化、资源共享化、开放主动化的重大举措，有利于促进世界各国加强经贸交流合作，有利于促进全球贸易和世界经济持续增长，有利于稳步推动开放型世界经济向前发展。中国拥有全球最多人口，是全球第二大经济体、第二大进口国和消费国，预计在未来的十五年内，中国进口商品和服务市场规模将分别超过30万亿美元和10万亿美元，潜力巨大。

（三）拉各斯国际贸易博览会

尼日利亚拉各斯国际贸易博览会（Lagos International Trade Fair，LITF）始于1981年，1986年起每年举办一届，已连续举办了30多届。该博览会由拉各斯工商会主办，得到了尼日利亚联邦政府和拉各斯州政府的大力支持。LITF是目前西非规模最大、影响力最强的展会，也是非洲重要的经贸合作交流平台。该博览会为综合贸易展，参展产品包括机械，汽车及配件，建材，五金、化工，电子、电器产品，家居用品，办公设备，石油及天然气设备，医药及保健品，电信及信息技术产品等。每届博览会吸引近75万名参展观众前来参加，市场潜力巨大。当前，非洲社会经济正进入增长快车道、成为崛起的大陆，尼日利亚是非洲第一大经济体和第一人口大国，人口超过1.7亿；购买力强，石油储量及产量位居非洲第一，是全球五大液化天然气出口国之一，也是西非主要商品集散地；对周边国家辐射力强，海运贸易占西非的70%。我国将深化与尼日利亚在基础设施建设、工业园区、产业对接、资源开发利用、加工制造、农业现代化等领域合作，帮助尼日利亚建立、完善自主工业体系，援建农业、电力、电信等基础设施项目，外贸合作前景非常好。

（四）巴西圣保罗国际家庭用品及礼品博览会

经过二十多年的发展，巴西圣保罗国际家庭用品及礼品博览会已成为南美最大的消费品及礼品类博览会。巴西消费品市场是南美现今增长速度最快的市场之一，而巴西圣保罗国际家庭用品及礼品博览会将是中国企业进入该市场的最佳途径之一。南美洲市场庞大，共拥有约4.3亿人口，GDP总值已达2万亿美元，孕育着无限商机。而巴西是南美洲第一大国、南美最重要的市场，拥有约 2.08 亿人口，GDP 总值已超过 1 万亿美元，是世界十大经济体之一。近年来，中巴经济交流正在迅猛发展，中国已成为巴西第二大贸易伙伴。

项目实训

实训任务 1　通过网络平台寻找客户

※实训材料※

假定你是 ABC 公司外销人员 Jacky，公司的主销产品是运动休闲鞋类，要求在阿里巴巴网站上发布产品，开发美国市场客户。

※操作完成※

请按照下列步骤在操作平台上完成实训任务：

（1）登录阿里巴巴官方网站和公司的会员账号。

（2）选择产品种类，发布产品。

（3）联系客户，完成客户开发。

实训任务 2　拟写参展计划书

※实训材料※

宁波舜洁卫生器具有限公司打算参加 2021 年广交会，宣传公司的智能马桶盖。请根据以下公司简介和广交会的背景，为宁波舜洁卫生器具有限公司拟写一份参展计划书。

宁波舜洁卫生器具有限公司简介

宁波舜洁卫生器具有限公司为浙江余姚通用机器厂（原浙江余姚通用集团）投资创建的企业，是一家专业生产经营“舜洁”牌全电脑自动洁身坐便器系列产品的专业厂家，具有年产 10 万台全电脑自动洁身坐便器的生产能力，已申请了国家专利，由中国太平洋保险公司提供产品质量保证，并且各种型号产品均通过了 CE 欧盟认证。本公司为 ISO9001 认证企业，拥有现代化的生产线及先进的电脑检测系统，拥有雄厚的技术力量，并且与浙江工业大学等多所院校有着多年的厂校合作关系。

公司本着“以人为本”的经营理念广招天下英才，已经建立起了一支集电子、机械为一体的科研队伍。公司员工锐意进取，研发了“恒温无压水箱”及“水冲坐便节水装置”两项专利并已将其运用到“舜洁”系列产品当中去。目前，我们已经在国内各地设立了分公司，经销商销售网络逐步扩大，产品已经广泛应用到家庭、宾馆、酒店、医院、疗养院。本公司是国外众多知名卫浴企业的供应商，具有丰富的OEM配套生产经验，产品已远销中国台湾、美国、瑞士、德国、澳大利亚、荷兰等国家和地区。“使客户获得最高程度的满意”是本公司的理想，真诚欢迎国内外客商来厂参观考察。

联系人：王小姐

地址：浙江省宁波市黄家埠工业园区A区

电话：0574－62885358

传真：0574－62885358

邮编：315400

※操作完成※

项目二

交易磋商

项目概述

在国际贸易中，买卖双方通常采用书面方式磋商交易。写作往来函件一般需注意遵循简明、清晰、礼貌三个原则。如何掌握好分寸，使往来函件既能着眼于今后的业务合作，又能达到目的，是一门很大的学问。在国际贸易中，买卖双方交易磋商的程序一般分为询盘、发盘、还盘、接受四个环节，其中，发盘和接受是达成交易的基本环节，是合同成立的要件。本项目主要是训练交易磋商中这四个环节的英文信函写作，并掌握出口报价和还价的核算。

基础知识

一、出口报价核算方法

价格核算是出口业务的关键环节，它直接关系到交易磋商的成败和买卖双方的利益，因此，只有掌握出口价格核算，才能保证所报价格的准确与合理。

（一）出口价格的表示方法

出口商品的价格可以用单价（Unit Price）和总值（Total Value）两种方法表示。单价由计价货币、计价金额、计量单位和贸易术语四个部分组成，例如：每公吨 30 美元 CIF 东京（USD 30.00 PER METRIC TON CIF TOKYO）。总值是单价与数量的乘积。

（二）出口价格构成

国际贸易中的价格主要由成本、费用和预期利润三部分构成。

1. 成本

成本（Cost）是整个价格的核心。它是出口企业或外贸单位为出口其产品进行生产、加工或采购所产生的生产成本、加工成本或采购成本，通常称为含税成本。

2. 费用

出口价格中的费用（Expenses/Charges）主要有国内费用和国外费用两

部分。其中，国内费用主要包括包装费、仓储费、国内运输费、认证费、港口费、商检报关费、捐税、购货利息、经营管理费、银行费用等；国外费用主要包括出口运费、出口保险费佣金等。

3. 预期利润

预期利润（Expected Profit）是价格的重要组成部分，也是出口商应得的收入。报价时的预期利润水平没有一个固定的标准，往往由出口商根据以往的经验和自己的经营目标，按出口成本或报价的一定百分比作为自己的预期利润率。

（三）出口报价核算要点

1. 成本核算

一般而言，成本是指采购成本或含税成本，即包含增值税。但很多国家为了降低出口产品的成本，增强其产品在国际市场上的竞争能力，往往对出口产品采取增值税全部或部分退还的做法。在实施出口退税制度的情况下，出口产品在核算价格时，就应该将含税的采购成本中的税收部分根据出口退税比率予以扣除，从而得出实际采购成本。即：

实际采购成本＝含税成本－退税收入

退税收入＝含税成本×出口退税率/(1＋增值税率)

由此得出实际采购成本的计算公式：

实际采购成本＝含税成本×[1－出口退税率/(1＋增值税率)]

例如：某产品每单位的采购成本是 28 元人民币，其中包括 13％的增值税，若该产品出口有 9％的退税，那么该产品每单位的实际采购成本＝含税成本×[1－出口退税率/(1＋增值税率)]＝28×[1－9％/(1＋13％)] ＝25.77 元人民币/单位。

2. 运费核算

这里仅就海洋班轮运输费用的计算进行讲述。班轮运输费用的计算又分为件杂货物运费与集装箱货物运费。一般而言，它们的计算可以用如下公式：

件杂货物运费＝基本运费＋附加运费

＝基本运费费率×运费吨＋附加运费

集装箱货物运费＝包箱费率×集装箱的数量

关于集装箱数量的计算，关键在于确定是整箱货还是拼箱货。若为整箱货，直接按表中给出的单箱运费计算即可；若为拼箱货，应先算出所装箱的确切数量，再按件杂货物的计算方法查表计算；若部分装整箱，部分以拼箱方式运输时，则需混合这两种计算方式。集装箱的数量通常是按照货物的总重量或体积除以集装箱的有效载货重量或有效容积取整得出的。通常 20 英尺集装箱的有效载重量为 17.5 公吨，有效容积为 25 立方米；40 英尺集装箱的有效载重量为 24.5 公吨，有效容积为 55 立方米。

例如：某货物装纸箱，纸箱的尺码为50厘米×40厘米×30厘米，毛重为每箱52千克，那么分别根据20英尺、40英尺、重量和体积计算的装箱的最大数量是：

按重量计算，每个20英尺集装箱可装最大数量为：17.5÷0.052=336.538箱，取整为336箱。每个40英尺集装箱可装最大数量为：24.5÷0.052=471.154箱，取整为471箱。

按体积计算，每个20英尺集装箱可装最大数量为：25÷(0.5×0.4×0.3)=416.667箱，取整为416箱。每个40英尺集装箱可装最大数量为：55÷(0.5×0.4×0.3)=916.667箱，取整为916箱。

3. 保险费核算

在出口交易中，在以CIF或CIP成交的情况下，出口报价中应包含保险费，保险费通常是按照货物的保险金额乘以保险费率计算。用公式表示即：

保险费=保险金额×保险费率

保险金额=CIF(CIP)货价×(1+保险加成率)

由上面公式可以进一步得出CFR（CPT）价格换算为CIF（CIP）价格的公式：

CIF(CIP)=CFR(CPT)/[1−(1+保险加成率)×保险费率]

4. 佣金核算

在出口报价中，有时对方要求报价中包含佣金，所以我们的出口报价中就要将佣金考虑进去，包含佣金的价格称为含佣价，其计算公式为：

含佣价=净价/(1−佣金率)

5. 预期利润核算

利润是出口价格的三个组成部分之一，出口价格中包含利润的大小由出口企业自行决定。利润的确定可以用某一固定的数额表示，也可以用利润率（即百分比）表示。用利润率表示时应当注意计算的基数，可以用某一成本作为计算利润的基数，也可以用销售价格作为计算利润的基数。

例如：出口某商品，生产成本为每单位185元，出口的各项费用为13.5元，如果公司的预期利润率为10%，公司对外报FOB价，试分别按照生产成本、出口成本和出口价格为基数计算利润额。

按生产成本为基数计算的利润额为：185×10%=18.5元；

按出口成本为基数计算的利润额为：(185+13.5)×10%=19.85元；

按FOB出口价格为基数计算的利润额为：(185+13.5)/(1−10%)−(185+13.5)=22.06元。

6. FOB、CFR、CIF三种价格的报价核算

这三种价格报价核算的公式分别为：

FOB报价=(实际采购成本+各项国内费用之和)/(1−预期利润率)

CFR报价=(实际采购成本+各项国内费用之和+国外运费)/

(1－预期利润率)

CIF 报价＝(实际采购成本＋各项国内费用之和＋国外运费)/
[1－预期利润率－(1＋投保加成率)×保险费率]

7. 出口还价核算

出口还价核算就是计算出口报价遭到还价后，价格中的其他要素可能产生的变化。出口报价由实际采购成本加上各种费用和预期利润组成。出口还价核算通常采用倒算方法，即以销售收入减去相应内容以分析还价后价格中各要素（如购货成本、费用、利润等）可能发生的改变。在计算时，首先应当根据所给资料将价格的各组成部分依次列出，然后按照还价核算提出的要求分别列出利润、费用和成本。出口还价核算所采用的计算公式如下：

利润＝销售收入－费用－实际采购成本

实际采购成本＝销售收入－费用－利润

某项费用＝销售收入－利润－其他费用－实际采购成本

通过上述公式，就可以根据对方的还价，计算出利润、实际采购成本、总费用或某项费用的变化情况，从而决定是否接受对方的还价。

二、交易磋商主要信函的写作指南

（一）询盘函的写作指南

询盘是指买方为了购买或卖方为了销售货物而向对方提出有关交易条件的询问，也称为询价。询盘函没有固定的格式，其内容可以涉及某种商品的品质、规格、数量、包装、价格和装运成交条件，也可以索取样品。询盘不是交易磋商的必要步骤，对询盘人和被询盘人来说，询盘不具有法律约束力。在询盘时还要注意以下方面：询盘的对象既不能过窄，也不能过宽；询盘的内容既要促使客户提供报盘资料，又要防止过早透露采购数量、价格意图等；询盘函应以简明切题和礼貌诚恳为原则，以求对方能够很高兴地迅速做出发盘反应。询盘函一般包括如下内容：

（1）开头部分。介绍信息来源或提一下上一封信。例如：

Thank you for your letter dated ×××.

We know your company through ×××.

（2）具体询价。如希望对方提供某项信息和服务等，这一部分就应写得具体清楚。例如：

We are pleased to learn that you could supply ×××.

Please quote us your rock bottom price on the basis of CIFC3 ×××.

（3）结尾部分。感谢合作及等候回复。例如：

Your soon reply is awaited with much appreciation.

We appreciate your cooperation.

交易磋商中的发盘技巧

（二）发盘函的写作指南

发盘函既是一方提出订约的建议，又是双方之后订立合同的基础。出口商可以直接向客户发盘，也可以在收到客户的询盘后发盘，前者要考虑发盘的准确性和吸引力，后者要注重针对性。但无论如何，其内容必须明确无误，无含糊之词；语气则要诚恳、委婉，并且有说服力，以赢得客户信任，最终取得订单。发盘函一般包括如下内容：

（1）对客户的询盘表示感谢，可顺便再介绍一下产品的优点。例如：

We are pleased to receive your fax of ×××.

（2）明确答复对方在来信中所询问的事项，准确阐明各项交易条件（包括品名规格、价格、数量、包装、付款方式、装运、保险等），以供对方参考。例如：

The price is USD 100.00 per set CIF Hong Kong.

Delivery is to be made within 45 days after receipt of order.

Our usual terms of payment are by confirmed, irrevocable L/C available by draft at sight.

（3）声明此项发盘的有效期及其他约束条件和事项。例如：

This offer is valid for ten days.

（4）鼓励对方尽早订货，并保证供货满意。例如：

As we have been receiving a rush of orders now, we would advise you to place your order as soon as possible.

交易磋商中的还盘技巧

（三）还盘函的写作指南

出口商发盘后，进口商往往会进行还盘。出口商收到对方的还盘后，通常要做出答复，答复可以是接受或拒绝对方的还盘，也可以是对对方的还盘进行再还盘。还盘函一般包括如下内容：

（1）感谢对方来函，并简要说明我方对对方来函的态度。如很遗憾对方公司觉得本公司所报价格太高，本公司自认为报价比其他供应商报价低。例如：

We are glad to receive your letter of March 22, but sorry to learn that your customer find our quotation too high.

（2）表明我方对对方还价的态度，并列举理由。如由于原料价格上涨，或工厂成本上升造成出口成本提高；强调本公司报价只含最少利润；请对方调查目前的市价或测试本公司的样品质量，以求证明。例如：

We believe our prices are quite realistic, it is impossible that any other suppliers can quote lower than us if their products are as good as ours in quality.

（3）提出我方条件，并催促对方早日下订单。如由于期望与对方建立业务关系，因此若对方的订单超过多少数量或多少金额，将给对方多少折扣；或提出其他条件上有所变化；或推荐一些其他替代品，以寻求新的商机。例如：

In order to assist you to compete with dealers in the market, we have decided to reduce 2% of the previous letter if your order reaches 5 000 sets at one time.

（四）接受函的写作指南

接受是买方或卖方同意对方在发盘中提出的各项交易条件，并愿意按这些条件与对方达成交易、订立合同的一种肯定的表示。接受在法律上称为"承诺"，它与发盘一样，接受一经做出，也就承担了与对方订立合同的法律责任。接受是交易磋商的最后一个环节，也是交易磋商必经的一个环节。做出接受的一方，可以是买方，也可以是卖方。表示接受有时需将全部条件复述一遍，也可以只作简单的表示。接受函一般包括如下内容：

（1）感谢对方所做的努力并表示按对方条件成交。例如：

Thank you for your fax today. After due consideration, we decided to accept your price. Many thanks to your concession of our demand.

Thank you for your E-mail of August 24, 2020. We appreciate your effort to pave the way of our business.

（2）重复交易条件并请对方确认。例如：

Here we confirm the points we have agree upon as follows:

INDUSTRY BRAND AIR RIFLES:

@USD 8.54 CIFC3 BRISBANE for G6232, @USD 10.94 CIFC3 BRISBANE for G6240

Packing: 5PCS per carton

Payments: By irrevocable L/C at sight

Shipments: Not later than ×××

Insurance: To be covered by the seller for 110% of invoice value against all risks as per CIC dated 1/1/×××

Quantity: 734 cartons for G6232, 326 cartons for G6240

（3）进一步强调合同履行中一些需要注意的问题。例如：

If you have no discrepancies with above terms, please send us your sales contract soon.

（4）表达交易达成的喜悦心情并对未来交易做进一步展望。例如：

We appreciate your cooperation in the sales consultation.

We believe that there will be larger orders to you if your products turn out to be excellent as that you have promised.

操作示范

示范任务 1　拟写询盘函

交易磋商全过程实例

※任务描述※

加拿大 ABC 国际贸易公司收到一封来自大海进出口有限公司的建立联系信函，经过仔细研究，决定与大海进出口有限公司合作，同时对欢乐牌毛绒拖鞋（SH226、SH227）进行询盘。请代表加拿大 ABC 国际贸易公司拟写一封询盘函。

TO:ABC International Trading Corporation　　　　FAX:(01)20 11 90

Date:OCT. 24,2020

Dear Sirs,

Through market research, we learn that you import exclusively light products from China. We take the liberty of introducing our firm to you as an exporter specializing in various kinds of shoes and slippers, and looking forward to establish business relations with you on a basis of mutual benefits and common developments.

For over 10 years, we have been engaged in the line of business, especially slippers. We have a number of regular customers in U. S. market to whom we have been supplying considerable quantities of slippers every year.

So, to certain extend, we can take pride in our knowledge of the requirements and taste of your market.

We are glad to find through our market research that our HAPPY Brand Boa Slippers are receiving warm welcome in Canada market. There is enough evidence showing that the potential demand for our Boa Slippers is quite large, which also means a bright outlook for business between us.

For the information on our financial standing, please refer to Bank of China, Anhui Branch.

Attached is our catalogue of various kinds of HAPPY Brand Boa Slippers. We do hope that this first letter will arouse your interest in our products and that we may enter into friendly business relations with you.

We are looking forward to your early reply.

Yours faithfully,

Sea Import and Export Co. ,LTD

Manager ××× (Signature)

※任务分析※

加拿大 ABC 国际贸易公司在收到大海进出口有限公司的建立联系信函后，首先要感谢对方的来信并提及信函中主要内容，然后说明自己感兴趣的商品并请对方报价，最后希望对方尽快回复。

※任务实施※

To: Sea Import and Export Co. ,LTD　　FAX: 86 - 551 - 4331256

DATE: OCT. 28, 2020

Dear Sirs,

Thank you for your letter dated OCT. 24, 2020, together with your catalogue. We are pleased to learn that you could supply Boa Slippers, as we have received inquiries from our clients in this area.

After carefully studying your catalogue, we find following items suitable: HAPPY Brand Boa Slippers, Art. No. SH226, SH227.

We would like to place an initial order for the above items for the 40′ container each for august shipment. Please quote us your rock bottom price on the basis of CIFC3 Vancouver B. C. ,Canada with all details of the goods and transactions.

Your soon reply is awaited with much appreciation.

Yours truly,

ABC International Trading Corporation

Manager ××× (Signature)

▶ 示范任务 2　出口报价核算并拟写发盘函

※任务描述※

大海进出口有限公司在收到加拿大 ABC 国际贸易公司的询盘函（见示范任务 1）后，经过相关调查和研究，汇总资料如表 2 - 1 所示。

表 2 - 1　商品相关信息

商品：毛绒拖鞋		
货号	SH226	SH227
包装方式	4 打/纸箱	4 打/纸箱
尺码/箱	56CM×40CM×45CM	56CM×40CM×45CM
毛/净重（每箱）	10/8 KGS	10/8 KGS
供货单价（含税）	65 元/打	85 元/打

已知毛绒拖鞋的增值税税率为 13%，出口退税税率为 9%，出口定额费用率为 6%。

出口至温哥华的运费：20′FCL USD 2 200.00；
40′FCL USD 3 030.00。

保险：CIF 发票金额加 10%投保一切险和战争险（费率分别为 0.7%和 0.3%）。

公司要求的预期利润率为成交价格的 10%并以即期信用证作为付款方式（人民币兑美元汇率为 USD 1=CNY 6.7）。

（1）请根据上述条件进行出口报价核算，列出详尽的计算过程（分步计算，结果保留 4 位小数，最后报价取 2 位小数）。

（2）请根据要求写一封发盘函，详细回答客户提出的问题，告知对方交易的基本条款，并指出发盘有效期为 3 天。

小贴士

出口定额费用率：在业务操作中，各公司对银行利息、工资支出、邮电通信费用、交通费用、仓储费用、码头费用、商检报关费、招待费及其他费用等，按公司年度实际使用状况规定一个百分比，称为定额费用率（经营费率），一般为购货成本（含税）的 5%～10%。

※任务实施※

一、报价核算

（一）货号：SH226

（1）实际成本=65−65/(1+13%)×9%=59.823 0（元）。

（2）一个 40 尺集装箱可装的箱数为：55/(0.56×0.4×0.45)=545（箱）。

（3）国内费用=65×6%=3.9（元）。

（4）出口运费：用 40 尺集装箱装最合适，即 3 030×6.7/2 180=9.312 4（元）

（5）报价：CIFC3=(59.823 0+3.9+9.312 4)/[1−10%−3%−(1+10%)×(0.7%+0.3%)]
=73.035 4/0.859=85.023 7（元）
=12.69（美元）

（二）货号：SH227

（1）实际成本=85−85/(1+13%)×9%=78.230 1（元）。

（2）国内费用=85×6%=5.1（元）。

（3）出口运费：用 40 尺集装箱装最合适，即 3 030×6.7/2 180=9.312 4（元）。

（4）报价：CIFC3＝(78.230 1＋5.1＋9.312 4)/[1－10%－3%－(1＋10%)×(0.7%＋0.3%)]

＝92.642 5/0.859＝107.849 2（元）

＝16.10（美元）。

二、拟写发盘函

To: ABC International Trading Corporation　　Fax: (01)20 11 90

Date: NOV. 2, 2020

Dear Sirs,

We have received your letter of Oct. 28 inquiring about our HAPPY Brand Boa Slippers with thanks.

Because of the lovely design, our Boa Slippers are rapidly becoming popular. We think after studying our price, you will not be surprised to learn that we are finding it difficult to meet the demand.

As requested, we are pleased to make a firm offer for 2 180 dozens each of the following items:

HAPPY BRAND Boa Slippers:

Art. No. SH226　USD 12.69 per dozen CIFC3 Vancouver

Art. No. SH227　USD 16.10 per dozen CIFC3 Vancouver

Remarks:

(1) Payment: By at sight L /C for 100% of the contract value.

(2) Packing: To be packed in cartons of 4 dozens each, and 545 CTNS. to a 40′FCL container, two 40′ FCL containers in total.

(3) Shipment: Not latter than DEC. 31, 2020.

(4) Insurance: To be covered against all risks and war risks as per ocean marine cargo clauses of CIC dated 1/1/1981.

(5) This offer remains valid within 3 days.

You are sure to find the price very competitive indeed and we look forward to receiving an order from you soon.

Yours truly,

Sea Import and Export Co., LTD

Manager ××× (Signature)

▶ 示范任务 3　出口还价核算并拟写还盘函

※任务描述※

加拿大 ABC 国际贸易公司在收到大海进出口有限公司的发盘函后（见

示范任务 2)，于 2020 年 11 月 4 日还盘如下：

Dear sirs,

Thank you very much for your offer of Nov. 2, 2020. However, we are sorry to find that your prices are quite higher than what we have been paying for similar merchandise from other resources. To accept your quotation would leave us with little margin on our sales. We regret that at these prices we cannot place an order.

We like the design of your products and would welcome the opportunity to do business with you. May we suggest that you renew your quotation, say USD 12.00 per dozen for SH226 and USD 14.50 per dozen for SH227. For your information, the similar Boa Slippers made in Taiwan are sold here only around USD 11.50 per dozen for SH226 and USD 14.00 per dozen for SH227.

Please take this matter into serious consideration and give us your favorable reply without any delay.

ABC International Trading Corporation
Manager××× (Signature)

大海进出口有限公司在收到对方的还盘函后，随即组织业务人员进行核算和调查：

(1) 计算若按客户提出的价格，我公司是否还有利润？每打的利润为多少元人民币？利润率又为多少？这样 2 个 40 尺集装箱货物的出口，我公司共获利多少元人民币？

(2) 若接受对方价格，而我公司的利润率又不得少于 5%（人民币对美元的汇率为 6.7∶1），那么，在其他条件不变的情况下，公司应掌握的国内收购价（含税）为每打多少元人民币？

由于和国内厂商洽谈降价一事没有成功，请根据还盘函的写作指南要求给加拿大 ABC 国际贸易公司写一封还盘函，指出由于我方产品是名牌产品，质量很好，款式很吸引人，原报价十分合理，并告知与其他厂商相比，我方所用材料是最好的，我方不愿在牺牲质量的前提下，低价销售，但考虑到与其建立长期业务关系，我方可以在原报价基础上做一些让步，试按照 5%的成交利润率还盘，结果保留一位小数，同时提醒对方因为近期订单较多，为保证及时装运，建议尽快接受报价并下订单。

※任务实施※

一、计算客户还价后的利润额和利润率

总货款收入＝(12＋14.5)×6.7×2 180＝387 059.00(元)

实际总成本＝59.823 0×2 180＋78.230 1×2 180＝300 955.76(元)

国内费用＝(65＋85)×6%×2 180＝19 620.00(元)

出口运费＝3 030×6.7×2 ＝40 602.00(元)

出口保费＝387 059.00×110%×1%＝4 257.65(元)

客户佣金＝387 059.00×3%＝11 611.77(元)

利润总额＝货款收入－实际成本－国内费用－出口运费

－出口保费－客户佣金

＝387 059.00－300 955.76－19 620.00－40 602.00

－4 257.65－11 611.77

＝10 011.82(元)

每打利润＝10 011.82/4 360＝2.296 3(元)

利润率＝10 011.82/387 059.00＝2.59%

二、计算供货价格（含税）

我公司要至少保持5%的利润，应掌握的国内供货价格（含税）：

（一）货号：SH226

设供货价格（含税）为X，则

{[X－X×9%/(1＋13%)]＋X×6%＋9.312 4}/(1－5%－3%－1.1×1%)＝12×6.7

→0.920 4X＋0.06X＋9.312 4＝80.4×0.909

→0.980 4X＝73.083 6－9.312 4

→X＝65.05(元)

（二）货号：SH227

设供货价格（含税）为X，则

{[X－X×9%/(1＋13%)]＋X×6%＋9.3124}/(1－5%－3%－1.1×1%)＝14.5×6.7

→0.920 4X＋0.06X＋9.312 4＝97.15×0.909

→0.980 4X＝88.309 4－9.312 4

→X＝80.58(元)

三、拟写还盘函

TO: ABC International Trading Corporation　　FAX: (01)20 11 90

Date: NOV. 6, 2020

Dear Sirs,

Thank you for your letter dated NOV. 4, 2020. To our regret, you think our offer unfavorable. In fact, you have received a reasonable quotation considering our products famous brand, high quality and attractive design.

We wish to draw your attention to the fact that the material we use compares favorably with similar materials of other manufacturers and we do our best to keep prices as low as possible without sacrificing quality.

Considering the above mentioned reasons we do not feel that prices we quote are at all excessive, but bearing in mind the long-standing relations between our firms in the future, we quote again as follows:

HAPPY BRAND Boa Slipper:

Art. No. SH226 USD 12. 69 per doz. CIFC3 Vancouver

Art. No. SH227 USD 15. 39 per doz. CIFC3 Vancouver

This offer remains valid for 3 days, other terms and conditions remains unchanged.

For your information, recently there have been a number of incoming orders for our shipment. If you wish the shipment to be effected in 5 days, you must make up your mind as soon as possible.

Appreciating your prompt reply.

Yours faithfully,

Sea Import and Export CO. , LTD

Manager ××× (Signature)

▶ 示范任务 4　拟写接受函

※任务描述※

大海进出口有限公司与加拿大 ABC 国际贸易公司就买卖毛绒拖鞋进行了多次磋商（见示范任务 2、3）。请你根据双方交易磋商材料，代表加拿大 ABC 国际贸易公司拟写接受函。

※任务实施※

Dear sirs,

We thank you for your letter of NOV. 6, 2020 and are now pleased to place a trial order with you for the captioned boa slippers:

Order No. : LES981000

HAPPY BRAND Boa Slippers

Art. No. : SH226　USD 12. 69 per doz. CIFC3 Vancouver

SH227　USD 15. 39 per doz. CIFC3 Vancouver

(1) Quantity: 2 180 dozens for each item.

(2) Total Amount: USD 61 214. 40 (Say United States Dollars Sixty-one Thousand Two Hundred Fourteen and Forty Cents Only).

(3) Payment: L /C at sight.

(4) Packing: To be packed in carton of 4 dozens each, and 545 CTNS to a 40′ container.

(5) Shipment: Not later than December 31, 2020, from shanghai to Vancouver.

(6) Insurance: To be covered against all risks and war risk as per ocean marine cargo clauses of CIC dated 1/1/1981.

As this is our first case to buy boa slippers from you, we request you to pay attention to effecting shipment. If this trial order turns out to be successful, we shall be sending you substantial order.

Yours truly,
ABC International Trading Corporation
Manager××× (Signature)

项目实训

实训任务 1　拟写询盘函

※实训材料※

2020 年 3 月，安徽旭东贸易公司向新西兰的 CHEER TOP TRADING CO.，LTD 发出建交信一封，具体内容如下：

Dear Sir/Madame,

We have your name and address from Internet and are glad to learn your interest in Chinese Telecontrol Racing Car.

We have been in the light industrial field since 2002 and have grown to become one of the leading import and export companies in China, specialized in toys, traditional Chinese handicrafts and so on. By keeping the principle of "EXCELLENT QUALITY, COMPETITIVE PRICE, SUPERIOR SERVICE", we have won a very good reputation from all of our customers.

Through our study of your market, Telecontrol Racing Car, because of its cheap-price, high quality, easy operation, has received a warmer welcome in recent years. So we are quite sure that our products will meet the requirements of your customers.

By taking this opportunity, we hope to extend our business relationship with you and our illustrated catalogues will be sent to you by separate post. Please do not hesitate to specify the items which interest you and send us your inquiry by return. You will certainly enjoy the best cooperation provided by us.

Best regards.
Yours faithfully,
Anhui Xudong Trading CO. ,LTD
Manager ××× (Signature)

新西兰 CHEER TOP TRADING CO. , LTD 收到上述信函后，对样本进行了仔细研究，认为遥控赛车（货号 18812 和 18820）很适合自己市场的需求，并询问上述两个货号的商品的价格、支付方式、交货期、包装等相关交易条件。请根据上述资料代表新西兰公司拟写一封询盘函。

※操作完成※

To: Anhui Xudong Trading CO. ,LTD
Dear Sirs, Date: ________

____
____
____
____
____
____
____
____
____
____
____
____
____
____
____

▶ 实训任务 2　出口报价核算

※实训材料※

信梁公司欲出口一批不锈钢厨具至开普敦（Cape Town），3 个货号各装一个 20 英尺集装箱整箱（20′FCL），具体信息如表 2 - 2 所示。

表 2-2　商品信息

货号	包装方式	尺码长（cm）	尺码宽（cm）	尺码高（cm）	购货成本（人民币元）
3SA1012RG	2 套/箱	56	32.5	49	180
3SAS1013	2 套/箱	61.5	30.5	74	144
3SAS1004	8 套/箱	63	35.5	25	55

已知上海至开普敦 20′FCL 海洋运费为 2 200 美元，增值税税率为 13%，出口退税税率为 9%；加一成投保一切险加战争险（保险费率分别为 0.8% 和 0.2%）。这批货物的国内运杂费共 2 000 元，包装费每箱 2 元，出口商检费 100 元，报关费 150 元，港区港杂费 600 元，其他业务费用共 1 800 元。如果公司预期利润率为 6%，另客户要求 3% 的佣金。请报出 3 个货号 CIFC3 CAPE TOWN 的价格。（注：美元汇率为 6.7∶1；计算过程保留 4 位小数，结果保留两位小数）。

※操作完成※

一、20′FCL 货量

3SA1012RG：________________（箱）（列出计算过程）

3SAS1013：________________（箱）（列出计算过程）

3SAS1004：________________（箱）（列出计算过程）

二、实际采购成本（每套）

3SA1012RG：________________（元）（列出计算过程）

3SAS1013：________________（元）（列出计算过程）

3SAS1004：________________（元）（列出计算过程）

三、国内费用（每套）

3SA1012RG：________________（元）（列出计算过程）

3SAS1013：________________（元）（列出计算过程）

3SAS1004：________________（元）（列出计算过程）

四、海洋运费（每套）

上海至开普敦的 20′FCL 为 2 200 美元，则海洋运费（每套）：

3SA1012RG：________________（美元）（列出计算过程）

3SAS1013：________________（美元）（列出计算过程）

3SAS1004：________________（美元）（列出计算过程）

五、保险费

____

六、佣金

____

七、CIFC3 报价（每套）（美元）

3SA1012RG：

3SAS1013：

3SAS1004：

▶实训任务 3　拟写发盘函

※实训材料※

2020 年 10 月 17 日，网上出现了一条求购信息，具体如下：

GRAND FORTUNE IMPORT & WHOLESALE CO. ,LTD

UNIT 22,12318－84th AVENUE,SURREY,BC,CANADA V3W ON2

FAX:001 604 5726626　E-mail:grandfortue@sprint. ca

This is to introduce ourselves as light industrial products distributors having many years'experience in this particular line of business. Currently,we need a new supplier of server sets for restaurant use.

Anyone who is in a position to assist us,please contact us immediately. The price on CIF basis is required and some catalogues and samples are appreciated.

请给对方发一封电子邮件，简单介绍公司的情况，如专营轻工业产品，货源稳定充足，产品远销中东、欧美等，并表达建立长期业务联系的愿望。

公司全套齐尔乐牌快餐餐具共有 3 个型号，其价格核算如表 2－3 所示。

表 2－3　3 个型号餐具的价格核算

商品	CHEER BRAND Stainless Steel Server Sets		
货号	G3345	G3422	G4432
采购价（元/套）	105.00	126.60	154.48
包装方式（套/纸箱）	5	4	3
实际成本（元/套）	97.82	117.94	143.92
起订量（纸箱）	200	200	200
国内费用（元/套）	4.76	5.95	7.93

续前表

出口运费（元/套）	12.38	15.46	20.63
保险加成率	10%	10%	10%
一切险费率	1%	1%	1%
预期利润率	6%	10%	8%
CIF 价（美元）	15.00	20.00	23.00

其他需要在发盘函中说明的信息包括：

（1）付款方式为提单日后 90 天付款（远期信用证）。

（2）有现货，能在 11 月出运，但信用证必须在 10 月底前开到。

（3）同意寄商品目录，样品将在对方做出具体询价后再寄。

※操作完成※

TO:GRAND FORTUNE IMPORT & WHOLESALE CO.,LTD

Dear Sirs,　　　　Date:________

____

____

____

____

____

____

▶实训任务 4　拟写还盘函

※实训材料※

请根据下述外方来函及后附的提示，写一封还盘函。

To:Huangshan Zhaoyang Co.,Ltd

Date:August 13,2020

Dear Sir or Madam,

Thank you for your letter of August 11,2020 sending us your quotation for HERO BRAND Fountain Pen Art. 330.

To be frank,the quality of your fountain pen is quite good,but the price appears to be on the high side as compared with other suppliers in Asia. It is understood that to accept the price you quoted would leave us little or no margin of profit on our sales. As you know,this kind of fountain pen is mainly for students'use,so the price is an important aspect. We would,therefore,suggest that you make some allowance,say 10% on your quoted price. If,however,you cannot do so,then we shall have no alternative but to leave the business as it is.

As to the terms of payment, we usually do business on the D/P basis. We hope it will be acceptable to you.

We are waiting for your reply with much interest.

Yours sincerely,

ASIAN ACCESS IMPORT & EXPORT CO., LTD

Purchase Manager ××× (Signature)

还盘函主要内容包括：（1）只能接受信用证的付款方式；（2）若订购 2 000 打以上，给予 5%的折扣；（3）保证及时装运。

※操作完成※

TO: ASIAN ACCESS IMPORT & EXPORT CO., LTD

Dear Sirs, Date: ________

____

____

____

____

____

____

____

____

____

____

____

____

____

____

____

____

▶ 实训任务 5　拟写接受函

※实训材料※

下面是 A 公司与国外 G 公司就童装兔毛衫交易而进行的往来磋商函电。

5 月 15 日，A：报童装兔毛衫 200 打，货号 CM034，每打 CIF 新加坡

100 美元，8 月份装运，即期信用证付款，25 日复到有效。

5 月 22 日，G：你方 15 日发盘收到。你方报价过高，若降至每打 90 美元可接受。

5 月 23 日，A：我方报价已是最低价，降价之事歉难考虑。

5 月 26 日，G：请航邮一份样品供参考。

5 月 29 日，A：样品已寄出，6 月 8 日前复到有效。

随后，国外 G 公司经过反复研究，决定接受上述交易磋商的各项条件，请你按照写作指南和上述资料代表 G 公司向 A 公司拟写一封接受函。

※操作完成※

Dear Sirs，　　　　　　　　　　　　　　　　　　　　Date：________

项目三

签订合同

项目概述

本项目主要是让学生了解并掌握出口合同的磋商准备、磋商内容、磋商程序、谈判原则及策略与方法，并能够运用所学知识草拟国际货物买卖合同的主要条款、填制销售合同（或销售确认书）。

通过本项目的训练，学生可以了解国际货物买卖合同条款的主要内容，掌握拟订国际货物买卖合同条款时应注意的问题，熟练应用有关的国际贸易惯例独立拟订合同的主要条款。

基础知识

一、国际货物买卖合同主要条款内容

签订合同

在交易磋商过程中，当一方发盘经另一方有效接受后，交易即告达成，买卖双方就构成了合同关系。双方在磋商过程中的往来函电便是合同的书面证明。但在实际业务中，按照国际上的通常做法，买卖双方往往还需填制固定格式的书面出口交易合同，以便将各自的权利和义务用规范的合同条款形式加以明确。这时，出口业务就进入了合同签订阶段。

二、国际货物买卖合同缮制要求

一般而言，合同没有固定的模板，主要有以下几个部分，如表 3 - 1 所示：

（一）合同的首部

（1）卖方：为出口商公司抬头，须分别填写出口商的英文名称及地址。

（2）买方：详细填列交易对象（即进口商）的名称及地址。

（3）编号：由卖方自行编设，以便存储归档管理之用。

（4）日期：填写销售合同制作日期。以 2020 年 2 月 18 日为例，可以有以下几种日期格式填法：2020 - 02 - 18 或 02 - 18 - 2020；2020/02/18 或 02/18/2020；February 18，2020 或 Feb. 18th，2020。

（5）地点：填写合同签订的具体地点。如果是传真签订，则写明 By Fax。

表 3-1　销售合同模板参考

<table>
<tr><td colspan="4">销售合同
SALES CONTRACT</td></tr>
<tr><td rowspan="3">卖方
SELLER：</td><td rowspan="3"></td><td>编号 NO.：</td><td></td></tr>
<tr><td>日期 DATE：</td><td></td></tr>
<tr><td>地点 SIGNED IN：</td><td></td></tr>
<tr><td rowspan="2">买方
BUYER：</td><td rowspan="2"></td><td></td><td></td></tr>
<tr><td></td><td></td></tr>
<tr><td colspan="4">买卖双方同意以下条款达成交易：
This contract is made by and agreed between the BUYER and SELLER, in accordance with the terms and conditions stipulated below：</td></tr>
</table>

<table>
<tr><td>1. 品名及规格
Commodity & Specification</td><td>2. 数量
Quantity</td><td>3. 单价
Unit Price</td><td>4. 总金额
Amount</td></tr>
<tr><td rowspan="2"></td><td rowspan="2"></td><td colspan="2"></td></tr>
<tr><td></td><td></td></tr>
<tr><td>合计
Total：</td><td></td><td></td><td></td></tr>
</table>

<table>
<tr><td>允许
With</td><td></td><td>溢短装，由卖方决定
More or less of shipment allowed at the sellers' option</td></tr>
</table>

<table>
<tr><td>5. 总值
Total Value</td><td></td></tr>
<tr><td>6. 包装
Packing</td><td></td></tr>
<tr><td>7. 运输标志
Shipping Marks</td><td></td></tr>
<tr><td>8. 装运期及运输方式
Time of Shipment & Means of Transportation</td><td></td></tr>
<tr><td>9. 装运港及目的港
Port of Loading & Destination</td><td></td></tr>
<tr><td>10. 保险
Insurance</td><td></td></tr>
<tr><td>11. 付款条件
Terms of Payment</td><td></td></tr>
<tr><td>12. 备注
Remarks</td><td></td></tr>
</table>

<table>
<tr><td>The Buyer</td><td>The Seller</td></tr>
<tr><td>(Signature)</td><td>(Signature)</td></tr>
</table>

（二）合同的主体部分

1. 品名及规格

品名及规格（Commodity & Specification 或 Commodity & Description）栏应详细填明各项商品的英文名称及规格，这是买卖双方进行交易的物质基础和前提。对商品的具体描述说明是合同的主要条款之一，如果卖方交付的货物不符合合同规定的品名或说明，买方有权拒收货物、撤销合同并提出损害赔偿。

2. 数量

数量（Quantity）栏用于填写交易的货物数量，这是买卖双方交接货物及处理数量争议时的依据。不明确卖方应交付多少货物，不仅无法确定买方应该支付多少金额的货款，而且不同的量有时也会影响到价格以及其他的交易条件。有时合同中可能规定几种数量（如 30 000m/100roll），最好把以计价单位表示的数量列在首位（如单价为 USD 15/m FOB Shanghai）。

为便于装运并节省运费，通常以一个 20 英尺或 40 英尺集装箱的可装数量作为最低交易数量。在填写的时候，如果货物品种不止一个，应与前面的品名及规格相对齐。

3. 单价

单价（Unit Price）是买卖合同中必不可缺的重要组成部分，不仅直接关系到买卖双方的利益，而且与合同中的其他条款也有密切联系。在国际贸易中，通常由出口商根据成本，通过往来函电报价给进口商，双方经过协商后确定此交易价格。

货物的价格通常指货物的单价，是针对一个销售单位的货物而言。单价一般包括贸易术语、计价货币、计价单位与单价金额等内容，分别就其填写说明如下：

（1）贸易术语。填写格式为：FOB 后加“启运港”或“出口国家名称”；CFR 或 CIF 加“目的港”或“进口国家名称”。

（2）计价货币、计价单位与单价金额。依双方约定填写。如 CIF Toronto USD 18.75/PC。

4. 总金额

列明币种及各项商品总金额（Amount）。需要注意的是：此栏应与每一项商品相对应；货物总计应分别填入所有货物累计的总数量和总金额（包括相应的计量单位与币种），单价不能相加；大宗散装货物多列明此溢短装条款，溢短装货物的单价仍以合同价计算，如果计价单位是按包装来的，根据 UCP600，数量上是不可以溢短装的。例如：

（1）With ________ percent more or less both in the amount and quantity of the S/C allowed, decided by the seller. 这句话的意思是，数量与合同（或

信用证）总金额均可增减。

（2）With ________ percent more or less in the quantity of the S/C allowed. 这句话的意思是，只允许数量增减，无金额增减，实为有名无实的虚条款。在订立合同和审核信用证时，需慎重考虑此情形。

5. 总值

以文字（大写）写出该笔交易的总值（Total Value），必须与货物总价数字表示的金额一致。

以 USD 14 876.23 为例，通常的表示方法为：

SAY TOTAL U. S. DOLLARS FOURTEEN THOUSAND EIGHT HUNDRED SEVENTY-SIX AND TWENTY THREE CENTS ONLY.

或

SAY TOTAL U. S. DOLLARS FOURTEEN THOUSAND EIGHT HUNDRED SEVENTY-SIX AND CENTS TWENTY THREE ONLY.

拓展知识

（1）少数人对数字不太敏感，可能稍有疏忽就会漏了一个字母而导致单证不符。

（2）一定要大写。

（3）SAY TOTAL U. S. DOLLARS…ONLY 是固定的格式，中间填上需要的金额就可以了。

（4）关于小数点后面的表达，可以使用 POINT，也可以直接用美分 CENTS 表达，不过有的议付行可能不接受用 POINT 的方式。

6. 包装

包装（Packing）条款一般包括包装材料、包装方式和每件包装中所含物品的数量或重量等内容，是合同的必要组成部分。

例如：3 060g×6 tins per carton. Each of the carton should be indicated with Product No. , Name of the Vegetable, Gross Weight(G. W.) and C/NO.

7. 运输标志

运输标志（Shipping Marks）也称装运唛头，可以是图案、文字或号码。如没有唛头，则应填“No Mark”或“N/M”。例如：CHAB（货品名称）；ABU DHABI（进口商所在地）；C/NO. 1-UP（包装箱顺序号和总件数，需要注意的是，实际发货后，所有议付单据上的“UP”应更改为实际的发货箱数）；MADE IN CHINA（货物原产地）。

8. 装运期及运输方式

装运期（Time of Shipment）可有多种规定方法，可以规定具体时段，例如：4 月或 3 月底前。另外，也可以用 L/C 或 S/C 等为参照物规定相应时间，例如：信用证开出后或到达卖方后 30 天。注意如按后者的规定方式，则需相应规定信用证开出或到达的具体日期，而且要注意 L/C 的有效期与装运期的关系，防止“双到期”的发生，不能安全收汇。

运输方式（Means of Transportation）写海运、空运、邮寄等。

9. 装运港及目的港

装运口岸（Port of Loading）处列明装运港。对于 FOB 合同，装运港为合同要件，所以要特别列明装运港。例如：DALIAN，CHINA。

即使在非为合同要件的情况下，对于“one of main ports of European”“Chinese ports”之类的语句，在卖方开立信用证之时一般都要明确。

目的港（Port of Destination）处列明目的港。对于 CIF 合同，目的港为合同要件，所以要特别列明目的港。例如：OSAKA，JAPAN。

即使在非为合同要件的情况下，对于“one of main ports of European”“Chinese ports”之类的语句，在卖方开立信用证之时一般都要明确。

如需转船，则列明中转地。例如：NEW YORK，U. S. A. VIA HONG KONG。

10. 保险

保险（Insurance）条款的填写一般包括以下情况：

（1）如使用 FOB、CFR 价格成交，则选择 TO BE EFFECTED BY THE BUYERS。

（2）如为 CIF 合同，一般规定：

1）如未特殊要求，则由卖方按中国人民保险公司条款按照发票总值 110%投保最低险别平安险（FPA）。另外，根据国际商会规定，一般需按行业惯例替买方把险保足。

2）如买方欲增加其他险别，则须于装船前征得卖方同意，所增加的保险费由买方负担。

3）如为长期客户，则买卖双方协商按行业惯例加保险别，并确定保险费由哪一方负担。

例如：To be covered by the Sellers for 110% of Invoice Value against All Risks and War Risks as per the People's Insurance Company of China. If other coverage is required, the Buyers must have the consent of the Sellers before shipment and the additional premium is to be borne by the Buyers.

11. 付款条件

注明付款条件（Terms of Payment）。例如：The Buyers shall open through a bank acceptable with an irrevocable, sight Letter of Credit which should reach the Seller 30 days before the month of shipment, valid for negotiation in China until 15 days after the latest date of shipment.

在当今的国际贸易中，一般用信用证付款方式，此时需注意信用证的有效期与装运期的关系，以保证安全收汇。

UCP600 规定，信用证的交单议付期为提单日期（发货日）后 21 天之内，但以不超过信用证有效期为准。因此，在日常审单工作中，需要注意发货期与信用证有效期之间的相互关系。装运期应与信用证到期日（有效期）之间有一段合理时间，不能太短，否则会导致装运单据取得后没有足够时间进行议付；但也不宜太长，一般开证人不会同意，即使同意，对于受益人也没有什么实际作用。

12. 备注

外贸公司多使用格式化的合同，难免有需要改动和补充之处，有特殊规定或其他条款可在备注（Remarks）栏说明。

例如：Unless otherwise specified in this Sales Contract, all matters not mentioned here are subject to the agreement of the general terms and conditions of business No. CD-101 concluded between both parties.

有些销售合同中还会有争议的处理与索赔条款（Complaints and Claims），主要包括商品的验收、不可抗力和仲裁（或者诉讼）条款，视购销双方的具体情况而定。由于世界自然灾害频发，政局动荡频繁，即使是简式销售合同，也必须提及不可抗力条款（Force Majeure Clause），以保护出口商的切身利益。

（三）合同的结尾部分

1. 进口商公司负责人签名

进口商公司负责人签名［Signature（The Buyer）］并加盖公司公章。上方填写公司英文名称，下方则填写公司法人英文名称。

2. 出口商公司负责人签名

出口商公司负责人签名［Signature（The Seller）］并加盖公司公章。上方填写公司英文名称，下方则填写公司法人英文名称。

⌘ 操作示范

▶ 示范任务 拟写销售合同

※任务描述※

根据下列背景资料拟写销售合同。

在 2019 年广交会上，常州亚峰进出口有限公司出口部经理林峰先生接待了前来洽谈生意的美国 LOOKING（罗京）手工艺品公司的 John（约翰）

先生，John 先生对常州亚峰进出口有限公司的工艺品很感兴趣，经过初步洽谈，双方表示愿意建立贸易关系。广交会结束后，林峰经理向 John 先生发去了 E-mail，详细介绍了公司的情况。

2019 年 5 月 10 日，John 先生向林峰经理发出询盘，希望购买亚峰公司货号为 CZ212、CZ287 和 CZ310 的钩针地毯（HOOK RUG），要求该公司报出该产品的一些规格的 CIF SAN FRANCISCO 价格。

林峰经理选定几个规格，经过出口成本核算，并申报公司领导批准后，在 5 月 11 日向 John 先生报价："Mr. John，5 月 10 日函收悉，现报价如下：HOOK RUG ART. NO. CZ212，规格 2′×3′，2 000pcs，USD 17.10 PER PC CIF SAN FRANCISCO；ART. NO. CZ287，规格 3′×5′，1 000pcs，USD 18.10 PER PC CIF SAN FRANCISCO；ART. NO. CZ310，规格 2′×3′，1 000pcs，USD 20.10 PER PC CIF SAN FRANCISCO。不可撤销的即期信用证支付。有效期为 6 月 10 日，请回复。"

5 月 16 日，John 先生发来还盘，示意能否降价 10%。

5 月 18 日，林峰经理表示降价不能接受。

6 月 9 日，John 先生来电表示接受原报价。

6 月 15 日，双方正式签订了书面合同。

（1）买方：美国罗京手工艺品公司。

THE LOOKING HANDCRAFT，INC

138 SAN MATEC AVENUE，SAN FRANCISCO

CA-94080-6501，U. S.

（2）卖方：中国常州亚峰进出口有限公司。

CHANGZHOU YAFENG IMP. & EXP. CORP.，LTD

3 GEHU MIDDLE ROAD，CHANGZHOU，JIANGSU，CHINA

Telex：0985　Fax：6332136　Tel：6332138

Uniform Social Credit Code：3204367617

（3）合同编号：04F3-786；合同日期：2019 年 6 月 15 日。

（4）商品：HOOK RUG；出口商品海关编码：57024100。

（5）溢短装条款：卖方有权多装或少装 5%，唛头卖方自制。

（6）保险：一切险，投保加成 10%；保险单编号：1046HKA；保险费率：0.27%。

（7）运输方式：海运；装运港：上海；目的港：旧金山；装运日期：2019 年 7 月。

（8）包装：纸箱，具体如表 3－2 所示。

表 3-2　纸箱参考数据

货号	规格	每箱数量	每箱净重	每箱毛重	每箱体积
ART. NO. CZ212	2′×3′	10 条	11.5 KG	12.0 KG	20 CM×30 CM×40 CM
ART. NO. CZ287	3′×5′	5 条	16.0 KG	16.5 KG	20 CM×40 CM×40 CM
ART. NO. CZ310	2′×3′	10 条	11.5 KG	12.0 KG	20 CM×30 CM×40 CM

（9）提单编号：RNSL060627；船名：HANJIN；航次：V.014E；提单日期：2019 年 7 月 14 日；运费：4 000 美元。

（10）发票号码：F93002897；发票日期：2019 年 7 月 5 日。

（11）生产厂家（M. I. D）：CHANGZHOU FEIYA RUG CORP.，LTD（常州飞亚地毯厂，也是发货单位，地处常州新北区），统一社会信用代码为 3204115870。

（12）外汇核销单编号：28/1555300。

（13）贸易方式：一般贸易。

（14）该货物于 2019 年 7 月 14 日出口，2019 年 7 月 12 日向上海海关申报，预录号为 527695940。

（15）征免性质：一般征税，全免。

（16）许可证号：CN617032。

（17）普惠制产地证（格式 A）编号：CD5618，所有商品均产自中国。

（18）普通原产地证书编号：YFT0821。

（19）单位编码、报检单位登记号、生产单位注册号：62520577；检验检疫费：人民币 1 200.00 元；外币结算账号：THY6684；人民币结算账号：SAR8006。

（20）商检证编号：224523。

※任务分析※

国际货物买卖合同一般金额大、内容繁杂、有效期长，因此许多国家的法律要求采用书面形式。书面合同主要有两种形式，即正式合同（Contract）和合同确认书（Confirmation），虽然其繁简不同，但具有同等法律效力，对买卖双方均有约束力。大宗商品或成交额较大的交易，多采用正式合同；而金额不大、批数较多的土特产品或轻工产品，或者已订立代理、包销等长期协议的交易多采用合同确认书（亦称简式合同）。

无论采用哪种形式，合同抬头应醒目注明 SALES CONTRACT 或 SALES CONFIRMATION 等字样。一般而言，出口合同的格式都是由卖方（出口公司）事先印制好的，因此有时在 SALES CONTRACT 之前加上出口公司名称或是公司的标志等（我国的外贸公司进口时也习惯由买方印制进口合同）。

外贸合同是地处不同国家的当事人双方买卖货物或代理销售货物而达成的协议，是当事人各自履行约定义务的依据，也是一旦发生违约行为时，进行补救、处理争议的依据。因此，一项有效的外贸协议，必须内容明确，否则就会使当事人在履行义务、进行违约补救或处理争议时产生困难。一般而言，在签订外贸合同应当注意以下几个问题：

（1）品名及规格表述要完整规范。特别是购货合同的品质，务必详细准确。有质量标准的，要明确所遵循的是国家标准、行业标准还是企业标准；凭样成交的要封存样品，妥善保管，作为验收的最终依据。

（2）交货时间要明确具体。购货合同交货期较销售合同要有适当的提前，如果分批交货，购货合同必须明确每次交货的具体数量、时间。销售合同可以仅规定共分几批交货及最后一批的交货期限，以免客户开证时提出诸多要求，增加执行难度。

（3）索赔时效要根据不同的商品特性，参照有关行业规定与惯例，明确买方对货物质量、数量提出异议的时限。购货合同的索赔时限较销售合同有更加充分的余地。在购货合同中如规定由中国商检局检验，最好明确“供方须向需方提供××商检局的检验报告且需方对质量提出异议的期限为收到货物后××天”，而不应与工厂订立类似“以××商检局检验结果为最终依据”的条款，以免外商提出索赔时，工厂以此条款为依据拒绝承担责任。

（4）在支付定金或预付款时，必须分清定金与订金的区别。定金在履约前可起到担保的作用，履约后可抵作价款，不按合同约定履行时具有惩罚的作用。而订金和预付款一样，都不具备这种担保与惩罚的作用，一旦对方违约，对出口方的利益没有保障。

《中华人民共和国担保法》规定，定金最多不能超过合同标的额的20%，超过部分，视作预付款处理。

（5）合同的完整性。除确有必要库存的大宗商品可在没有销售合同的情况下先订立购货合同外，原则上所有的出口业务都须同时签订购货合同和外销合同。只有信用证而没有合同的订单，一定要补签销售合同。信用证不能作为诉讼的充分依据，当发生外商违约、撤销信用证或信用证过期，而出口方已与工厂签订合同甚至预付货款、定金的情况时，出口方将处于极其被动的地位。

（6）收汇不着的风险。若采用D/P、D/A、装船后T/T甚至发货后一段时间T/T（俗称O/A）等收款方式，无论贸易伙伴是老客户还是新客户，都会使出口方的安全收汇有一定风险，尤其当市场行情发生波动时，更为不利。因此，除非确无洽商余地，每单出口业务都应力争以预付款或L/C方式成交。在不得不采用上述收账方式的情况下，也应采取措施，如投保出口信用险等。

在以L/C成交的情况下，外商也可能在L/C中订立种种软条款，例如：1）L/C中规定外商签发的某种单据作为出口方议付的必要单据之一；2）L/C的有效期规定在对方银行到期；3）L/C中对承运货物的船公司、船龄、船籍等做出限制性规定；4）L/C中要求1/3提单直接寄给外商，2/3提单作为议付单据；5）L/C中规定一定比例的货款通过L/C议付，其余部分在外商实际收货后T/T支付；6）L/C中隐含某些自相矛盾的条款，不仔细审证或不实际履行时无法发现。以上条款实际都由外商控制了付款的主动权。在收到有类似软条款的L/C时，业务人员应谨慎行事，尽量与外商洽商调整。

此外，即使收到的 L/C 的条款为可接受和可操作的，对开证行的资信也应通过中国银行等机构进行适当的查询。对某些信誉不佳的小国银行开出的 L/C，应谨慎考虑是否接受，如接受，也必须要求由某一自己认可的银行对该 L/C 加以保兑。在缮制 L/C 项下单据时，业务人员应仔细、认真，力争做到单证、单单完全相符，不给某些不法外商以恶意拒付的理由。当货物采用陆运或空运方式出口时，因为运单不代表货权，所以对贸易伙伴的资信情况更要做翔实的了解，应要求支付方式必须为全额预付款或即期 L/C，并且 L/C 的规定简单易行。而在制作单据的时候更要滴水不漏，严格相符，尽量采取措施，防止客户提走货物后拒不付款。

合同是买卖双方交易的书面依据，合同签得严谨、明确、慎重，对合同的顺利履行、贸易纠纷的解决、维护自身的正当权益等，都有积极的作用。

※任务实施※

根据以上资料，拟写的销售合同如表 3－3 所示。

表 3－3　填写后的销售合同

<table>
<tr><td colspan="4">销售合同
SALES CONTRACT</td></tr>
<tr><td rowspan="3">卖方
SELLER：</td><td rowspan="3">CHANGZHOU YAFENG IMP. & EXP. CORP.，LTD
3 GEHU MIDDLE ROAD，CHANGZHOU，JIANGSU，CHINA</td><td>编号 NO.：</td><td>04F3-786</td></tr>
<tr><td>日期 DATE：</td><td>Jun. 15，2019</td></tr>
<tr><td>地点 SIGNED IN：</td><td>CHANGZHOU，CHINA</td></tr>
<tr><td rowspan="2">买方
BUYER：</td><td rowspan="2">THE LOOKING HANDCRAFT，INC
138 SAN MATEC AVENUE，SAN FRANCISCO
CA-94080-6501，U. S.</td><td></td><td></td></tr>
<tr><td></td><td></td></tr>
<tr><td colspan="4">买卖双方同意以下条款达成交易：
This contract is made by and agreed between the BUYER and SELLER，in accordance with the terms and conditions stipulated below：</td></tr>
</table>

<table>
<tr><td colspan="2">1. 品名及规格
Commodity & Specification</td><td>2. 数量
Quantity</td><td>3. 单价
Unit Price</td><td>4. 总金额
Amount</td></tr>
<tr><td colspan="2" rowspan="2">HOOK RUG
ART. NO. CZ212
ART. NO. CZ287
ART. NO. CZ310</td><td rowspan="2">2 000 PCS
1 000 PCS
1 000 PCS</td><td colspan="2">CIF SAN FRANCISCO</td></tr>
<tr><td>USD 17. 1 PER PC
USD 18. 1 PER PC
USD 20. 1 PER PC</td><td>USD 34 200. 00
USD 18 100. 00
USD 20 100. 00</td></tr>
<tr><td colspan="2">合计
Total：</td><td>4 000 PCS</td><td></td><td>USD 72 400. 00</td></tr>
<tr><td>允许
With</td><td>5%</td><td colspan="3">溢短装，由卖方决定
More or less of shipment allowed at the sellers' option</td></tr>
</table>

续前表

5. 总值 Total Value	SAY U. S. DOLLARS SEVENTY-TWO THOUSAND FOUR HUNDRED ONLY
6. 包装 Packing	CARTON
7. 运输标志 Shipping Marks	N/M
8. 装运期及运输方式 Time of Shipment & Means of Transportation	DURING JULY, 2019 BY VESSEL
9. 装运港及目的港 Port of Loading & Destination	FROM SHANGHAI PORT, CHINA TO SAN FRANCISCO PORT, U. S.
10. 保险 Insurance	TO BE COVERED BY THE SELLERS FOR 110% OF FULL INVOICE VALUE AGANST ALL RISKS UP TO SAN FRANCISCO, AS PER CHINA INSURANCE CLAUSE.
11. 付款条件 Terms of Payment	L/C AT SIGHT
12. 备注 Remarks	INSPECTION: THE CERTIFICATE OF QUALITY, QUANTITY/WEIGHT ISSUED BY CHINA COMMODITY INSPECTION BUREAU SHALL BE TAKEN AS THE BASIS OF DELIVERY.

The Buyer	The Seller
John Smith	林

项目实训

▶ 实训任务　拟写销售合同

※实训材料※

NEO GENERAL TRADING CO. ,LTD
P. O. BOX 99552, RIYADH 22766, KSA
TEL:00966-1-4659220　FAX:00966-1-4659213
E-MAIL:neo@neogeneral. com

Feb. 27,2021

Dear Mr. Chang,

We have received your E-mail of Feb. 26, 2021. After the consideration, we have pleasure in confirming the following offer and accepting below:

(1) Commodity:Canned mushrooms pieces & stems.

(2) Specifications: 24 tins per carton, 425 grams net weight each tin, 227 grams drain weight each tin.

(3) Package: Exported brown carton, with ROSE BRAND.

(4) Quantity: 1 700 cartons, one 20′ ft container.

(5) Quality: 2021 new product.

(6) Price: USD 7.80 per carton CFR Dammam Port on full liner terms.

(7) Payment: L/C at sight.

(8) Shipment: Not later than Apr. 30, 2021.

(9) Shipping Marks: ROSE BRAND
C/No. 1-UP
RIYADH

Please send us your SALES CONTRACT and PROFORMA INVOICE, and we hope both of us may have a wonderful beginning.

Best Regards,
NEO GENERAL TRADING CO., LTD
Tom Smith

※操作完成※

请根据上述内容，完成表 3－4 的合同条款的填写。要求格式清楚、条款明确、内容完整。

表 3－4　销售合同

<table>
<tr><td colspan="4">销售合同
SALES CONTRACT</td></tr>
<tr><td rowspan="3">卖方
SELLER:</td><td rowspan="3"></td><td>编号 NO.:</td><td></td></tr>
<tr><td>日期 DATE:</td><td></td></tr>
<tr><td>地点 SIGNED IN:</td><td></td></tr>
<tr><td rowspan="2">买方
BUYER:</td><td rowspan="2"></td><td></td><td></td></tr>
<tr><td></td><td></td></tr>
<tr><td colspan="4">买卖双方同意以下条款达成交易：
This contract is made by and agreed between the BUYER and SELLER, in accordance with the terms and conditions stipulated below:</td></tr>
</table>

<table>
<tr><td>1. 品名及规格
Commodity & Specification</td><td>2. 数量
Quantity</td><td>3. 单价
Unit Price</td><td>4. 总金额
Amount</td></tr>
<tr><td rowspan="2"></td><td rowspan="2"></td><td colspan="2"></td></tr>
<tr><td></td><td></td></tr>
</table>

续前表

合计 Total:			
允许 With		溢短装，由卖方决定 More or less of shipment allowed at the sellers' option	
5. 总值 Total Value			
6. 包装 Packing			
7. 运输标志 Shipping Marks			
8. 装运期及运输方式 Time of Shipment & Means of Transportation			
9. 装运港及目的港 Port of Loading & Destination			
10. 保险 Insurance			
11. 付款条件 Terms of Payment			
12. 备注 Remarks			
The Buyer		The Seller	
(Signature)		(Signature)	

项目四

履行合同（CIF/信用证）

项目概述

在国际贸易中，买卖双方经过交易磋商，签订出口合同以后，就进入了出口合同的履行阶段，双方各自享有合同所规定的权利，承担合同所规定的义务。要高质量地完成外贸出口任务，不仅取决于合同磋商和签订工作，更有赖于双方切实地按合同规定履行各自的义务。合同的订立只表明当事人双方各自的经济目的达到一致，只有履行合同，才能使这种目的得以实现。履行合同是当事人双方的共同责任，而且关系到企业、国家的对外信誉，买卖双方必须本着“重合同、守信用”的原则严格履行合同。

在我国的出口业务中，通常采用 CIF、CFR、FOB 等术语成交，其中多采用 CIF 价格条件。成交支付方式有 L/C、T/T、D/P 等，其中一部分采用信用证付款方式。本项目以 CIF+L/C 为例来详细阐释这类合同执行的一般程序。

本项目主要是训练学生掌握 CIF+L/C 条件下出口合同在缮制国内购销合同、审证改证、出口托运、报检报关、办理保险、出口信用险办理、缮制结汇单据这七个环节的操作，掌握相关单据的缮制和审核。

基础知识

一、履行合同的基本程序

执行 CIF+L/C 这类出口合同的一般程序包括：申请出口许可证（如果需要的话）—备货—催证—收证、审证、改证—托运订舱—检验检疫—报关、保险—装运货物—制单结汇。履行出口合同程序复杂，环节众多，但概括起来，又以货（备货）、证（催证、审证、改证）、船（租船、订舱、报关和保险）、款（制单结汇）四个环节最为重要。

为了更好地履行出口合同，要加强对出口合同的科学管理，建立能反映出口合同执行情况的进程管理制度并采取相应的措施，做好以合同为中心的“四排”和“三平衡”工作。

“四排”是指以合同为对象，对信用证是否开到、货源是否落实进行排查并采取相应的措施，包括无证无货、无证有货、有证无货、有证有货四种情况。

“三平衡”是指以信用证为对象，根据信用证规定的装船期和有效期的远近，结合货源和运输两方面的情况，力求做到证、货、船三方面的衔接和综合平衡，做到无证抓紧催证，无货积极组织货源，有证、有货、有船则抓紧办理出运及制单议付。

二、国内购销合同缮制说明及注意事项

在国际贸易中，买卖双方签订合同后，卖方应立即组织货源。在通常情况下，组织货源分为两种情况：一种是生产型出口企业根据出口合同/信用证的规定，向生产、加工及仓储部门下达联系单（有些公司称其为加工通知单或信用证分析单等），并按联系单的要求，按时、按质、按量地准备好应交的货物；另一种是外贸公司向与其合作的工厂签订购销合同，工厂依据购销合同对应交的货物进行生产加工、整理清点、刷制运输标志以及办理商验和领证等工作。同时，外贸公司的业务人员或跟单人员应做到跟单及时、仔细、深入。备货环节所涉及的单证主要有购销合同和联系单，一般以购销合同为主作为供需双方相互制约的法律依据。

（一）国内购销合同的缮制规范

在与工厂签订购销合同时，尽量不要使用他人提供的合同文本，特别是格式文本，建议需求方自己拟订合同文本，防止掉入对方设下的法律陷阱。另外，自拟文本也更方便条款的协商修改。

缮制购销合同的主要规范如下：

(1) 关于产品名称、品牌、商标、生产厂家、规格型号、产品数量、计量单位、单价、金额、供货时间。产品名称要正确填写，不要写习惯名或自命名。凡使用品牌、商标的产品，应特别注明品牌、商标和生产厂家。规格型号、产品数量和计量单位应按双方商定的计量方法执行。单价和金额一般由双方协商确定。供货时间可以合同约定，一般以提货的一方通知提货日期为准（应给供方必要的途中时间），代办托运的以货交承运人的日期为交货日期，送货的以送达目的地的日期为准，也可以约定分批交货。

(2) 关于质量技术标准、供方对质量负责的条件和期限。质量技术标准包括国家标准（GB）、部颁标准、企业标准（QB）等。如果要填写，须有标准代号、编号和标准名称。如果对于特定产品，或对产品质量有特殊要求的，必须具体约定为哪个标准，或商定条件、样品（如共同封存样品，分别保管）、补充技术要求。在实际业务中，产品质量应严格按照出口方的要求或者与打样一致，约定供方对其所提供产品的质量保证期限，在保证期内，如发现质量问题，应承担违约责任。但应排除需方非正常使用导致出现问题的情况。

（3）关于交货地点和交货方式。作为合同履行地，交货地点涉及合同纠纷的司法管辖权。当约定的交货地点与实际的交货地点不一致时，以实际交货地为合同履行地。如果双方约定了合同履行地，则货物到达地、到站地、验收地、安装调试地等均不应视为合同履行地。

交货方式包括工厂交货（提货）、目的港交货（送货）、货交承运人（代办运输）等。一般情况下，供货方交货至购货方指定的仓库，费用由供货方负担。进仓前务必书面通知准确的包装明细单。

（4）关于包装要求及费用、包装物的供应和回收。包装物供应，除国家规定由需方供应的以外，应由供方供应，也可合同约定，如纸包装、金属包装、塑料包装、玻璃包装等。产品的标签、说明书、质保书等一般应由供方按照中性包装提供，并由需方确认，费用由供方负担。对于需方提供的包装及资料，供方不得提供给任何其他单位和个人，否则由此引起的一切后果由供方负责。包装物的回收由合同约定，并约定回收费用，如油桶、氧气瓶等。

（5）关于验收的标准、方法和提出异议的期限。在实际业务中，供方所交付的成品必须经需方或商品检验机构验收合格方可进仓。可通过全面检验、抽样检验、理论计算、实际过磅的手段来进行检验及验收。如果产品属于法定商检之列，则按供需双方在合同中约定的情况办理，如“供方须在进仓前三天提供商检放行单或换证凭单至需方所在办公地点”。如果要提出异议，且在约定检验期间的，需方应在约定期间内将验收数量或质量不合格的情形通知供方，怠于通知的，视为数量或质量合格。在书面通知中，建议明确供方的回复时间。

（6）关于结算方式及期限。在我国的出口贸易中，对已征收增值税的货物，国家给予出口退税补贴政策，因此，在实际业务中，供需双方的结算方式一般为凭100%增值税发票付款。而结算期限一般有预付款、货到付款、分期付款等形式。

（7）关于违约责任。供方应按合同规定，按时、按质、按量交货，如因供方交付的成品货物不符合合同要求，或产品性能存在缺陷，引起退货、索赔造成的损失和相关费用，由供方承担。

（8）关于不可抗力。一般情况下，如供需双方由于人力不可抗拒和确非企业本身造成的原因，导致合同不能履行，经双方协商和鉴证机关查实，可免于承担经济责任。

（9）关于合同送达方式、合同份数。在实际业务中，一般是由购货方缮制购销合同，在签字盖好章后用传真的方式送达供方，再由供方确定，并签字盖章回传，合同即告生效。具体的几式几份或附条件生效等情况，各公司做法不一。

（10）关于落款。初次订立合同需注明单位全称、详细地址、邮政编码、法定代表人、代理人、联系电话、开户银行、账号、合同签订日期等。以后因业务需要签订的购销合同，一般情况下，只需双方签章并签订日期即可。

（二）根据任务描述订立及签署购销合同应注意事项

（1）供需双方名称、联系人及联系方式需详细列明。

（2）合同号码及订立日期由拟订合同的一方填制。

（3）产品名称、数量、包装、单价、总额由供需双方协商签订。

（4）交（提）货期限、交货地点和方式要按照合同规定履行。任何一方要求提前或延期交（提）货，应在事先达成协议，并按协议执行。

（5）付款方式需明确，是部分预付、一次结清，还是全额预付。

（6）赔偿约定的情况包括供方没按时完成货物、质量有问题、需方没有按时结清货款等。

（7）购销合同应由供需双方签名，公司需加盖有效印章。

三、审核和修改信用证

（一）审核信用证要点

信用证是银行开立的有条件的付款保证。信用证的条件必须与合同条件相吻合，否则，卖方将难以提交符合信用证要求的单据，失去银行所提供的信用保证。因此，卖方收到信用证后，应立即对其内容进行审核。审核的主要内容如下：

1. 开证行的资信状况

开证银行本身的资信应与其所承担的信用证付款责任相应。特别是对于实行外汇管制、国际支付能力薄弱或国内金融秩序混乱的国家的银行开出的信用证，更应重视审核该银行的资信状况。在我国，由我方银行作为通知行时，除核对信用证签名的真实性外，我方银行还承担审核开证行资信的道义上的责任。

2. 信用证的金额

信用证的金额应与合同一致。若合同有溢短装条款，则信用证金额也应有相应的机动条款。

3. 装运期、交单期、到期日和到期地点

信用证中规定的最迟装运日期应与合同中的装运条款一致，运输单据的出单日期或上面加注的装船或启运日期，不得迟于最迟装运日期。若信用证未规定装运期，则最迟装运日期即为信用证的到期日。

信用证还应规定一个在货物装运后必须向银行交单要求付款或承兑或议付的日期，即交单期。所规定的交单期应为受益人装运后制单留有充分的时间，如信用证未规定交单期，则理解为应在实际装运日（即运输单据出单日期）之后 21 天内必须交单。受益人必须在交单期内交单，但无论如何，不得迟于信用证到期日。

信用证还应规定一个到期日和到期地点，即受益人必须在规定的到期日，在到期地点向银行交单，要求议付或承兑或付款。没有规定到期日的信用证为无效信用证。在实务中，到期日应与最迟装运日期有一个合理的间隔，以便受益人有充分时间制单，通常为 7～15 天；到期地点应在议付地（即出口地）到期，否则由于银行审单和邮递过程，受益人将难以及时交单。

4. 信用证有无限制性或保留条款

这是信用证的“软条款”。信用证中的这类条款有合理的，也有不合理的。合理的条款，如信用证中规定“开证申请人取得进口许可证才能生效”或“本证仅在受益人开具回头信用证并经本证申请人同意接受后才生效”，对于这类信用证，受益人必须等到所附条件满足并取得有关文件后，即信用证生效后才能交货。还有一类条款则是不合理的，带有明显的欺诈性，如规定受益人提交的单据中要包括“由买方签发的提货证明”或“检验证书应由申请人授权的签字人签字”，这类信用证实际上受申请人或其代理人控制，受益人收款没有保障，故不应接受。

5. 信用证的性质

如是否不可撤销，是否保兑（根据 UCP600，所有信用证必须是不可撤销信用证），汇票的付款人和付款日期，信用证对货物的描述，装运条件，保险条款以及所需单据等，都应和合同及惯例的规定相一致。

以上为审核信用证时应注意的要点。此外，对于开证行在信用证中的各种疏漏错误，也应仔细审核，以确保受益人能做到单证一致，安全收汇。

6. 信用证容易出现的问题

（1）信用证两个主要当事人——开证方和受益方，即买方和卖方的名称是否准确无误。

（2）信用证是否属于“不可撤销”（Irrevocable）信用证。

（3）装期、信用证有效期、交单期是否合理。

（4）信用证到期（议付）地点是否在出口国境内。

（5）信用证是否列齐。如单据条款、货物条款、有效期、目的港、金额等。

（6）合同主要条款是否在来证中如实反映出来。如品名、规格、数量、单价、总值、包装、唛头、装期、装卸港、保险等。

（7）其他要注意的问题。如保留性条款、限制性条款、不合理要求，以及其他信用证软条款；佣挤和折扣是否已经内扣，防止重复付佣；银行费用由开征人负担（受益人负担该费用是不合理的）。

（二）修改信用证要点

1. 受益人审证后要求开证申请人改证

受益人审证后，发现内容与合同或惯例规定不一致，应及时向开证申请人提出。要求改证时应注意下列改证规则：

（1）需要修改的内容应一次性通知开证申请人，以节约对方的改证费用。

（2）开证行的改证通知书仍须通过通知行转递，以保真实。

（3）对于改证通知书的内容，如发现其中一部分不能接受，则应把改证通知书退回，待全部改妥后才能接受。UCP600 规定，对改证通知书部分接受无效。

（4）受益人审证时，如发现一些条款虽与合同或惯例不符，但经过努力可以办到的，一般可以不改，以示合作，并减少周折。

2. 开证申请人主动改证

开证申请人主动改证应征得受益人同意。若开证申请人事先未征得受益人同意，单方面改证，则受益人有权决定是否接受。在未表示接受前，原证条款继续有效，受益人有权保持沉默直至交单为止。若交单时按改证通知书制单，即表示接受；若按原证制单，则应另具通知书以示拒绝修改。

3. 修改信用证应注意的问题

（1）凡须修改的各项内容应一次性向对方提出，做到既节省时间，又节省费用。

（2）对不可撤销信用证中任何条款的修改，都必须在有关当事人一致同意后才能生效。

（3）对经过对方修改后的内容，我方无法接受的，仍要坚持对方改证，直到满意为止。

（4）对来证不符合合同的具体情况，凡可以变通处理且不是非改不可的，只要不影响安全收汇、不增加我方费用，则可不改，按信用证要求办理即可。

4. 改证函的写作要点

信用证改证函是指受益人审核信用证后发现有不能接受的条款，草拟函电，向开证申请人提出修改信用证。

信用证改证函主要包括以下内容：

（1）很高兴收到（或感谢）对方通过××银行××日开来的××号信用证。

（2）提出经过审核信用证，发现有不符点，请对方修改。列出所有需要修改的不符点。

（3）写明信用证修改的最迟期限。

（4）感谢对方的合作。

四、出口托运流程和托运单的填制说明

出口货物托运是指出口商委托货物运输代理公司（简称货代）向承运人

办理海运、空运、陆运等出口货物运输事宜。采用海运运输方式时，出口商需要办理租船或订舱。在货物交付和运输过程中，如货物量较大，可以洽租整船甚至多船来装运，这就是租船；如果货物量不大，则可由外运公司或货代公司代为洽订班轮或租订部分舱位运输，以租赁部分舱位来装运，这就是订舱。

在以信用证为支付方式、CIF 条件下，租船订舱是出口商的主要职责之一，能否做到船货衔接，按合同及信用证规定的时间及时将货物出运，主要取决于租船、订舱这个环节。出口商应根据货代公司提供的船期表掌握船只、航线、运费等情况，在船舶抵达港口或截止签单前，及时办理托运手续。

此外，为使出运工作顺利进行，出口商在收到信用证后，必须审核信用证中有关的装运条款，如装运期、交单期、装运港、目的港、是否能转运或分批装运，以及是否指定船公司、船名、船籍和船级等。有的来证要求提供各种证明，如航线证明、船籍证明等，对这些条款和规定，应根据国家政策和国际惯例，综合进口商所提的要求是否合理或是否能办到等方面来考虑是否接受，如不接受，则要提出修改要求。

（一）出口托运流程

1. 海运货物托运流程

（1）办理托运委托。出口商在货、证齐备后，应缮制全套托运单据委托货代公司代为订舱。托运单据既是办理托运的重要凭据，也是取得运输单据的前期单据。出口商在办理货物托运时，需提供订舱委托书（托运单）、出口货物明细单、商业发票、装箱单等其他必要单据。货代根据托运单内容，结合船舶的航线挂靠港、船期和舱位等条件综合考虑，认为合适即可接受托运委托。

出口商作为货物托运人，可将全套托运单据正本寄送给货运代理公司，也可将全套托运单据正本传真或扫描后发送电子版给货运代理公司。在实际业务中，出口商不仅可以委托货代代为订舱，还可委托其代理报关及货物储运等事宜。

（2）领取装运凭证。货代根据出口商提供的全套托运单据填制货物托运单（Booking Note，B/N），随同商业发票、装箱单等其他必要单证向承运人（船公司）办理订舱。承运人根据具体情况，安排船只和舱位，并在托运单上填写船名、航次等信息并签署，同时把其中的配舱回单、装货单（Shipping Order，S/O）等与托运人有关的单据退给货代，装货单作为通知船方收货装运的凭证，即表示船公司已确认托运人的订舱。货代会根据配舱回单的内容，出具进仓单给出口商，要求出口商在规定时间内将货物运送到指定仓库。

（3）理货、装船。货代向海关申报货物信息或委托报关行申报，完成出口货物申报的所有手续后，海关予以放行。货代根据船期，将出口商的货物运进码头，由码头理货公司理货，货代凭海关加盖放行章的出口装货凭证或放行通知书，要求船长装货。

（4）换取提单。集装箱堆场收货后签发场站收据（Dock Receipt，D/R），载明收到货物的详细情况，货物装船完毕后，船长或大副签发大副收据（Mate's Receipt，M/R），大副收据是承运人签发给托运人的表明货物已装妥的临时收据，货代需持上述收据向承运人支付运费，换取正本提单，并寄送给出口商。

2. 空运货物托运流程

（1）办理托运。出口商在货、证齐备后，缮制全套托运单据向货代办理空运托运手续，办理空运托运需填写国际货物托运委托书并提供有关单证，送交货代作为托运的依据。

国际货物托运书（Shipper's Letter of Instruction）是托运人用于委托承运人或其代理人填开航空货运单的一种表单，表单上列有填制航空货运单所需的各项内容，并应印有授权承运人或其代理人代其在货运单上签字的文字说明。

（2）安排货舱。货代收到托运单及有关单据后，会同航空公司根据配载原则、货物性质、货运数量、目的地等情况，结合航班安排仓位。出口商按货代要求在指定时间范围内将货物运送到指定的仓库。

（3）装货。货代向海关申报货物信息，或委托报关行申报，完成出口货物申报的所有手续后，海关予以放行。货代根据航班将出口商的货物运进机场，持海关加盖放行章的运单将货物送到指定地点装机。

（4）取得空运单。货物装机完毕后，由航空公司签发航空总运单，货代公司签发航空分运单。航空分运单有正本三份、副本十二份。其中，正本的第一份交给发货人，第二份由货运公司留存，第三份随货同行交给收货人。

3. 办理出口货物托运的注意事项

出口商在办理出口货物托运手续时应力求准确无误，尽量避免加载（增加订舱数量）、退载和变载的情况发生，以免影响承运人、货代以及港务部门的工作。

（1）货物信息。托运人应对托运单填写内容的真实性和正确性负责，货物的信息一定要填写准确，不可虚报货物重量或提供不合法的货物手续。货物信息包括货物的品名、具体件数、价值、实际重量，以及收发货方的详细地址和联系电话，如有第二联系人方式，应加以备注；托运货物的同时一并出具货物的合法手续。

（2）货物包装。货物的外包装无论是木箱包装还是纸箱包装，其耐压度和抗震度要相当，外包装箱必须完好无损（托运公司对货物内在数量、质量等的损减均不负责），同时货物的外包装表面要干净，不可有油渍及倒刺、钉头等异突出物。国家法律法规明文禁止运输、限制运输物品不能夹带于内。对于特殊货物，如散装油类、冷藏货物和鲜活货物的订舱，出口商应事先通知承运人或货代，并列明要求。

（3）在途时间。托运人应在托运单上明确告知货代该批货物的到货时间，要求货代按约定的到货期限将货物运达到货地点。随时关注货物在途动态，如逾期运到，可向该货代要求承担逾期到货的责任。

（二）出口货物托运单的填制说明及注意事项

出口订舱操作

在实际业务中，出口货物托运单是用于向货代或承运人联系订舱的单据，其名称上各个公司都不相同，主要有出口货物订舱委托书、国际货物托运委托书、出口货物明细单，有些地区的货代默认出口货物明细单即为订舱委托书（简称托书）。

托运单没有固定格式，不同出口公司缮制的托书都不太相同，但主要内容均包括托运人、收货人、通知人、装货港、卸货港、唛头、货物描述、货物毛重、货物体积、装运日期、运费的支付方式以及其他需求。

需要注意的是，在信用证业务方式下，办理托运委托需要出口商按信用证内的货物描述、装运条款和货物实际情况填写托运单，如表 4－1 所示。

表 4－1　出口货物订舱委托书　　　日期：　年　月　日

（1）发货人	（4）信用证号码			
	（5）开证银行			
	（6）合同号码		（7）成交金额	
	（8）装运口岸		（9）目的港	
（2）收货人	（10）转船运输		（11）分批装运	
	（12）信用证有效期		（13）装船期限	
	（14）运费		（15）成交条件	
	（16）公司联系人		（17）电话/传真	
（3）通知人	（18）公司开户行		（19）银行账号	
	（20）特别要求			

（21）标记唛码	（22）货号规格	（23）包装件数	（24）毛重	（25）净重	（26）数量	（27）单价	（28）总价
	（29）总件数	（30）总毛重	（31）总净重	（32）总尺码	（33）总金额		

（34）备注

1. 出口货物订舱委托书的填制说明

(1) 发货人：如信用证无特殊规定，通常填出口商，即信用证的受益人。

(2) 收货人：即运输单据的抬头人，要严格按信用证中提单条款的具体规定填写，如规定记名抬头，则直接填写收货人名称；如规定指示抬头，则完全按照来证提单条款填写，如 TO ORDER/TO ORDER OF SHIPPER 等。

(3) 通知人：即被通知方，如信用证有规定，则严格按照信用证填，且注明详细地址；如信用证无规定，则填进口商。

(4) ～(11)：严格按照信用证填写，如不是信用证支付方式，则信用证号码不填。

(12) 信用证有效期：填信用证的到期日。

(13) 装船期限：填信用证规定的最迟装运日期。

(14) 运费：根据贸易术语，填写“预付”(PREPAID) 或“到付”(COLLECT)。

(15) 成交条件：根据信用证或合同中所表述的贸易术语填写。

(16) ～(19)：根据实际填写，无资料可空白。

(20) 特别要求：指出口商对订舱、进库、运输、装船和提单条款等的特殊规定。

(21) 标记唛码：每一个字母、数字、图形、排列位置等均与信用证规定完全一致，如信用证规定有数个标记唛码，应按要求一一列明；如来证中的运输标记上的件号为：NO. 1—UP (1/UP)，则按实际托运的总件数填写件号。若信用证与成交合同中对于运输标记均无具体规定，则出口商可自己编制，要求至少包括：主标记(合同号码/信用证号码/发票号码/客户订单号码/收货人简称均可)、目的港标记以及件号。

(22) 货号规格：应严格按照信用证、合同及商业发票中的货号规格填写。

(23) 包装件数：按不同的货号逐项注明包装件数和包装种类。

(24) 毛重：以千克为单位填写每个货号的总毛重。

(25) 净重：以千克为单位填写每个货号的总净重。

(26) 数量：以计价的数量单位填写具体数量，如 SETS/PCS/DOZENS 等。

(27) 单价：每个货号的成交单价。

(28) 总价：每个货号的总金额。

(29) 总件数：指所有货号，即该批货物的总包装件数。

(30) 总毛重：指该批货物的总毛重。

(31) 总净重：指该批货物的总净重。

（32）总尺码：运货物的总尺码，以立方米为单位，保留至小数点后第三位。

（33）总金额：指该批货物的总金额（外币）。

（34）备注：填写托运人需向货运代理人特别说明的内容。

2. 填制出口货物订舱委托书的注意事项

（1）确认委托书所载品名是否是危险品、是否是液体（对接载液体以及电池有特殊要求）等，确认品名也可帮助查明货物的海关监管条件。

（2）确认货物件数、尺寸体积是否超过装载装箱能力，确认重量是否有单件货物超过 3 吨，如果超过 3 吨则需要和仓库确认是否有装箱能力。

（3）托书是预配舱单以及提单确认的初步依据，如果一次性正确，则可为提单确认省去许多麻烦。

（4）如需要投保、熏蒸、打托、缠膜、拍照、换单、买单等，要在订舱委托书显要位置注明。

（5）所订船期受到外商订购合同、备货时间、商检时间等制约，根据时间合理安排订舱日期。

（6）如遇到拼箱出口未能按时出运，且未按时撤载，则会产生亏舱费。

办理出口订舱的注意事项

五、出口报关流程及报关单填制说明

按照我国法律规定：凡是出境的货物，必须经由设有海关的港口、车站、国际航空站出运，并由货物所有人向海关申报，经过海关放行后，货物才可提取或者装船出口。

出口公司在办理报关时，必须填写出口货物报关单，同时需提供出口合同副本、发票、装箱单或重量单、商品检验证书及其他有关证件，向海关申报出口。法定检验的出口商品须办理出口商品检验证书，否则不得出口。

出口报关所涉及的对象可分为出境的运输工具和货物、物品两大类。由于性质不同，因此报关程序各异。这里对一般贸易出口报关进行讲解。

（一）一般贸易关检合一流程

办理出口货物的通关手续极为烦琐，但又极其重要，如不能顺利通关则无法完成交易。一般情况下，出口公司委托货代公司代为办理托运及报关手续，办理报关须由专业持有报关证人员持箱单、发票、报关委托书、出口结汇核销单、出口货物合同副本、出口商品检验证书等单据去海关办理通关手续。

一般贸易关检合一的操作流程如下：

（1）国内出口商与国外客户签订出口合同，确定出口货物出口日期及交货日期等事项，对于货物体积、重量、件数等装载信息，出口商应该会有初步的预计。

（2）根据成交方式联系运输公司（货代公司）安排货物运输出口事宜，如在 FOB 条件下由国外客户安排海运运输，在 CIF 条件下则由出口商安排海运运输。

（3）货代公司收到出口商指令后，向承运人（船公司）订舱并与出口商进行确认，确认好订舱信息后再将订舱单发给拖车公司，拖车公司到码头提取空柜后即可到工厂装货，货代公司此时还要与出口商确认好报关资料如何交接等问题。

（4）拖车公司到工厂装完货物后将集装箱运返码头堆场，货物从进入码头堆场开始正式受海关监管。与此同时或在工厂装货之前，将所需要的报关资料送交报关公司手中。

（5）报关公司收到资料时，要进行当面初步审核，核实无误并等待集装箱返回码头堆场后即可正式开始报关工作。首先需要向船公司输单，录入舱单信息，然后向海关审单中心录入报关资料，审核无误后向海关电脑系统发送报关信息，海关从电脑系统收到申报信息时才算正式接受申报。

（6）海关审单中心审结后，由报关公司向现场海关递单，现场海关审核资料后进行放行或者查验操作。放行后由报关公司将放行条交给船公司或者码头公司，然后根据所申报的船名、航次将此批货物装船运往目的国家收货人。

（7）当船舶正式离开码头后，由船公司向海关发送装船清洁舱单，该清洁舱单会与之前由报关行录入的装船单信息进行自动对碰，对碰成功后由报关公司去海关办理签发核销退税联的手续，并将核销联、退税联以及核销单一同寄回给出口商，然后由出口商到外管局办理外汇核销手续，到国税局办理出口退税手续。至此，完成该票货物的全部报关流程。

需要补充说明的事项包括：

（1）出口报关文件包括：外汇核销单、合同、发票、装箱单、报关委托书，以及其他根据货物出口所受海关监管条件限制必须提供的证件（如出口许可证、配额证、商检通关单等）。

（2）出口报关需提供的资料包括：详细货物的中文名称、货物件数、毛重、净重、规格（货物尺寸，同种货物的最小尺寸到最大尺寸即可）、材质（材料成分）、品牌、境内货源地（需要办理出口退税的务必准确）。

此外，随着海关通关模式的不断变化，一些海关客户协调员企业现在已经可以享受先放行、后递交报关资料的“无纸化”报关流程。

（二）出口报关单填制说明

表 4－2 为我国海关出口货物报关单示例。

表 4－2　中华人民共和国海关出口货物报关单

预录入编号：　　　　海关编号：　　　　（申报地海关）　　　　页码/页数：

<table>
<tr><td>境内发货人</td><td colspan="2">出境关别</td><td colspan="2">出口日期</td><td>申报日期</td><td colspan="2">备案号</td></tr>
<tr><td>境外收货人</td><td colspan="2">运输方式</td><td colspan="2">运输工具名称及航次号</td><td colspan="3">提运单号</td></tr>
<tr><td>生产销售单位</td><td colspan="2">监管方式</td><td colspan="2">征免性质</td><td colspan="3">许可证号</td></tr>
<tr><td>合同协议号</td><td colspan="2">贸易国（地区）</td><td colspan="2">运抵国（地区）</td><td colspan="3">指运港</td></tr>
<tr><td>包装种类</td><td>件数</td><td>毛重（千克）</td><td>净重（千克）</td><td>成交方式</td><td>运费</td><td>保费</td><td>杂费</td></tr>
<tr><td colspan="4">随附单证
随附单证 1：</td><td colspan="4">随附单证 2：</td></tr>
<tr><td colspan="8">标记唛码及备注</td></tr>
</table>

项号	商品编号	商品名称及规格型号	数量及单位	单价/总价/币制	原产国（地区）	最终目的国（地区）	境内货源地	征免

<table>
<tr><td colspan="4">特殊关系确认：　　　价格影响确认：　　　支付特许权使用费确认：　　　自报自缴：</td></tr>
<tr><td>申报人员
申报单位</td><td>申报人员证号</td><td>电话　　兹申明以上内容承担如实申报、依法纳税之法律责任
申报单位（签章）</td><td>海关批注及签章</td></tr>
</table>

（1）境内发货人：填报在海关备案的、对外签订并执行出口贸易合同的中国境内法人、其他组织名称及编码。

（2）出境关别：根据货物实际出境的口岸海关，填报海关规定的《关区代码表》中相应口岸海关的名称及代码。

（3）出口日期、申报日期：根据实际填写。

（4）备案号：根据实际填写。

（5）境外收货人：通常指签订并执行出口贸易合同中的买方或合同指定的收货人。

（6）运输方式、运输工具名称及航次号：根据实际填写。如海运填船名等。

（7）提运单号：海运填装货单号，陆运填运单号，邮运填报税清单（包裹单）号。

（8）生产销售单位：填报出口货物在境内的生产或销售单位的名称。

（9）监管方式：根据实际对外贸易情况按海关规定的《监管方式代码表》选择填报相应的监管方式简称及代码。一份报关单只允许填报一种监管方式。

（10）征免性质：按海关规定的《征免性质代码表》选择填报相应的征免性质简称及代码。

（11）许可证号：填报出口许可证、两用物项和技术出口许可证、两用物项和技术出口许可证（定向）、纺织品临时出口许可证、出口许可证（加工贸易）、出口许可证（边境小额贸易）的编号。

（12）合同协议号：填报出口货物合同（包括协议或订单）编号。未发生商业性交易的免予填报。

（13）贸易国（地区）：出口填报售予国（地区）。未发生商业性交易的填报货物所有权拥有者所属的国家（地区）。

（14）运抵国（地区）：根据实际填写。

（15）指运港：填报出口货物运往境外的最终目的港；最终目的港不可预知的，按尽可能预知的目的港填报。

（16）包装种类：填报进出口货物的所有包装材料，包括运输包装和其他包装，按海关规定的《包装种类代码表》选择填报相应的包装种类名称及代码。

（17）件数：填报出口货物运输包装的件数（按运输包装计）。特殊情况填报要求如下：

1）舱单件数为集装箱的，填报集装箱个数。

2）舱单件数为托盘的，填报托盘数。

3）不得填报为零，裸装货物填报为“1”。

（18）毛重、净重：“毛重”填写本批货物全部重量；“净重”填写扣除外层包装后的自然净重。合同发票等单据上没有净重时，可以按照商品习惯填写公量重、净重等，也可以将毛重扣除估计外层重最后填报。对于不同品种的货物，应当分别填明净重。

（19）成交方式：填写合同规定的成交单价、总价格条件（如 CIF、FOB 等），并注明外币名称。如果价格条件为 CIF、C&F 或包括佣金、折扣时，在计算成交总价时应分别扣除运费、保险费、佣金、折扣等费用，并填明 FOB 成交总价。

（20）运费、保费、杂费：根据实际填写。

（21）随附单证：填写单据的名称。

（22）标记唛码及备注：填写货物的实际标记唛码，如有地点名称的，也应该填写。

（23）商品编号：按照《中华人民共和国海关统计商品目录》的规定填写。

（24）商品名称及规格型号：应填写货物的中外文名称和详细规格（不要填写地方土语）。例如：出口钢材要填明钢号、纺织物应填写纺织原料所占的比重等。型号填公司编制的商品代号。

（25）数量及单位：填写货物的实际数量和数量单位（如台、个、打等）。如合同规定的数量单位同海关统计商品目录规定的计量单位不同，或者统计商品规定有第二数量单位的（如发电机除台数外，还需填千瓦数；内燃机除台数外，还需填马力），都要按照海关统计商品目录规定的数量单位填写。整套机械分批出口时，应在本栏注明“分批装运”字样。

（26）单价/总价/币值：根据实际填写。

（27）原产国（地区）、最终目的国（地区）、境内货源地：根据实际填写。

（28）征免：按照海关核发的《征免税证明》或有关政策规定，对报关单所列每项商品选择海关规定的《征减免税方式代码表》中相应的征减免税方式填报。

（29）特殊关系确认、价格影响确认、支付特许权使用费确认：出口货物免予填报。

（30）自报自缴：进出口企业、单位采用“自主申报、自行缴税”（自报自缴）模式向海关申报时，填报“是”；反之则填报“否”。

（31）申报人员、申报单位、申报人员证号、电话：根据实际填写。

（32）申报单位（签章）：确认申报内容无误后，加盖申报单位印章。

六、出口保险办理流程及投保单填制说明

凡以 CIF 和 CIP 条件成交的出口货物，卖方在装船前，须及时向中国人民保险公司办理投保手续，填制投保单。出口商品的投保手续一般都是逐笔办理的。投保人在投保时应将货物名称、保额、运输路线、运输工具、开航日期、投保险别等一一列明。

如何办理出口投保

被保险人根据信用证或合同规定填制运输保险投保单（Application for Transportation Insurance）或其他名称的投保申请单。投保申请单主要内容和项目要正确、齐全，因为保险公司需根据该投保申请单出具正式保险单。如果投保申请单有差错或不完整，则会影响将来安全、及时收汇，甚至造成

国外拒付的事故。

被保险人向保险公司投保时应填制投保单和支付保险费（保险费＝保险金额×保险费率），并随附商业发票，保险公司凭以出具保险单或保险凭证。

在实际业务中，一些出口公司和保险公司的业务量较大，为了简化手续，有时只需外贸公司提供商业发票，甚至可以不填制投保单，直接凭商业发票出具保险单，也可以利用出口货物明细单或货物出运分析单等替代投保单，保险公司接受投保，并签发保险单或保险凭证。

（一）办理出口保险的程序

在国际货物买卖过程中，由哪一方负责办理投保，应根据买卖双方商订的价格条件来确定。例如：如按 FOB 条件和 CFR 条件成交，保险应由买方办理；如按 CIF 条件成交，保险应由卖方办理。有时，在 FOB 条件下，若买方委托卖方代为办理保险，在买方支付保险费的前提下，卖方也可以办理投保。

办理货运保险的一般程序是：

1. 确定投保的金额

投保金额是支付保险费的依据，也是货物发生损失后计算赔偿的依据。按照国际惯例，投保金额应按发票上的 CIF 的预期利润计算。但是，各国市场情况不尽相同，对进出口贸易的管理办法也各有差异。向中国人民保险公司办理进出口货物运输保险有两种办法：一种是逐笔投保；另一种是按签订预约保险总合同办理。

2. 填写投保单

投保单是投保人向保险人提出投保的书面申请，其主要内容包括被保险人的姓名、被保险货物的品名、标记、数量及包装、保险金额、运输工具名称、开航日期及起讫地点、投保险别、投保日期及签章等。

3. 支付保险费，取得保险单

保险费按投保险别的保险费率计算。保险费率是根据不同的险别、不同的商品、不同的运输方式、不同的目的地，并参照国际上的费率水平而制定的，分为“一般货物费率”和“指明货物加费费率”两种。前者是一般商品的费率，后者指特别列明的货物（如某些易碎、易损商品）在一般费率的基础上另行加收的费率。

交付保险费后，投保人即可取得保险单（Insurance Policy）。保险单实际上已构成投保人与保险人之间的保险契约，是投保人与保险人的承保证明。在发生保险范围内的损失或灭失时，投保人可凭保险单向保险人要求赔偿。

在实际业务中，保险公司出具正本保单后寄送给投保人，随附保险费发票，投保人按发票上的指示，将保险费汇入保险公司的银行账号。

4. 提出索赔手续

当被保险的货物发生属于保险责任范围内的损失时，投保人可以向保险人提出赔偿要求。

在被保险货物运抵目的地后，收货人如发现整件短少或有明显残损，应立即向承运人或有关方面索取货损或货差证明，并联系保险公司指定的检验理赔代理人申请检验，提出检验报告，确定损失程度；同时向承运人或有关责任方提出索赔。属于保险责任的，可填写索赔清单，连同提单副本、装箱单、保险单正本、磅码单、修理配置费凭证、第三者责任方的签证或商务记录以及向第三者责任方索赔的来往函件等向保险公司索赔。

索赔应当在保险有效期内提出并办理，否则保险公司可以不予办理。

（二）投保单的填制说明

表 4－3 为海运出口货物投保单示例。

表 4－3　海运出口货物投保单

（1）保险人		（2）被保险人	
（3）标记	（4）包装及数量	（5）保险货物项目名称	（6）保险货物金额
（7）总保险金额（大写）			
（8）运输工具	（船名）	（航次）	
（9）开航日期		（10）航程	
（11）投保险别		（12）赔款地点	
（13）投保日期		（14）投保人签字	

（1）保险人（Insurer）：填写承保此批货物的保险公司的名称。通常各个保险公司会在自己公司的投保单上事先印就以其自身为保险人。

（2）被保险人（The Insured）：一般是出口企业名称。如果信用证要求以进口商名义投保或指明要过户给银行，则应在投保单上明确表明，以便保险公司按要求制作保险单据。

（3）标记（Marks & Nos.）：与发票、提单上的标记一致，如标记繁杂，则可以简化，例如："与×××号发票同"（As Per Invoice No. ×××）

（4）包装及数量（Package & Quantity）：写明包装性质，如箱、捆、包以及具体数量，若以集装箱装运，则也要注明。

（5）保险货物项目名称（Description of Goods）：不能将货物写成百货、食品，而要写具体品名，如服装、大米、小五金等。可写统称，但不能与发票所列货名矛盾。

（6）保险货物金额（Amount Insured）：按买卖合同或信用证规定的金额及加成比例计算保险金额。如信用证对此未做具体规定，则以 CIF 或 CIP 或发票金额的 110％投保。需要注意的是，投保单上的保险金额的填法应该是"进一取整"，所用货币应与发票一致。即保险金额经计算如果为 USD 20 874.14，则在投保单上应填"USD 20 875"。

（7）总保险金额（Total Amount Insured）：本栏应填写保险货物金额的英文大写。

（8）运输工具（Per Conveyance）：海运应注明船名和航次。

（9）开航日期（Slg. on or abt.）：按确定日期或预计日期填写，但与提单所列开航日期要一致。

（10）航程：写明从何地起运至何地址。如果转内陆，则要写明内陆城市名称，不能笼统填写"内陆城市"。

（11）投保险别（Conditions）：要明确具体险别，不能笼统地填写"海运保险"（Marine Clauses）。

（12）赔款地点（Claim Payable at...）：通常是在货运目的地，如果在目的地之外的地点，要加以注明。

（13）投保日期（Applicant's Date）：即保单上载明的出单日期，不能迟于提单上的开航日期。

（14）投保人签字（Applicant's Signature）：本栏要有出口公司的公章并由具体经办人签字。

在办理投保以后，如果发现投保项目有变更或错漏，要及时以书面形式通知保险公司，保险公司视具体情况或在原保单上更改，或出具批单，以防可能产生的被动和不良后果。

（三）保险单的填制说明

表 4－4 为保险单示例。

表 4-4　中国人民保险公司保险单

中国人民保险公司
THE PEOPLE'S INSURANCE COMPANY OF CHINA
总公司设于北京　　一九四九年创立
Head Office: BEIJING　Established in 1949

保险单
INSURANCE POLICY

发票号码　　　　　　　　　　保险单号码
Invoice No.　　　　　　　　　Policy No.

中国人民保险公司（以下简称本公司）
This Policy of Insurance witnesses that The People's Insurance Company of China (hereinafter called "The Company")
根据＿＿＿＿＿＿＿＿＿＿＿＿＿＿＿＿＿＿（以下简称被保险人）
at the request of ＿＿＿＿＿＿＿＿＿＿＿＿＿＿（hereinafter called the "Insured")
的要求，由被保险人向本公司缴付约定的保险费，按照本保险单承保险别和背面所载条款与下列特款承保下述货物运输保险，特立本保险单。
and in consideration of the agreed premium paying to the Company by the Insured, undertakes to insure the undermentioned goods in transportation subject to the conditions of this Policy as per Clauses printed overleaf and other special clauses attached hereon.

标记 Marks & Nos	包装及数量 Quantity	保险货物项目 Description of Goods	保险金额 Amount Insured

总保险金额：
Total Amount Insured ＿＿＿＿＿＿＿＿＿＿＿＿＿＿＿＿＿＿＿＿

保费　　　　　　　　　费率　　　　　　　　　装载运输工具
Premium as arranged　　Rate as arranged　　Per conveyance S. S ＿＿＿＿＿＿

开航日期　　　　　　　　自　　　　　　　　　至
Slg on or abt ＿＿＿＿＿＿ From ＿＿＿＿＿＿ To ＿＿＿＿＿＿

承保险别
Conditions

所保货物，如遇出险，本公司凭本保险单及其他有关证件给付赔款。
Claims, if any, payable on, surrender of this Policy together with other relevant documents.
所保货物，如发生本保险单项下负责赔偿的损失事或事故，应立即通知本公司下述代理人查勘。
In the event of accident whereby loss or damage may result in a claim under this policy, immediate notice applying for survey must be given to the company's agent as mentioned hereunder.

赔付地点
Claim payable at ＿＿＿＿＿＿＿＿＿＿
日期
Date ＿＿＿＿＿＿＿＿＿＿＿＿＿＿
投保地点
Place ＿＿＿＿＿＿＿＿＿＿＿＿＿＿

签章
Authorized Signature

（1）正本份数（Number of Original Policy）：当信用证没有特别说明保险单份数时，出口公司一般应提交一套完整的保险单（一份正本，一份复联本）。当来证要求提供的保险单“IN DUPLICATE/IN TWO FOLDS/IN 2 COPIES”时，出口商则应提交给议付行的是正本保险单（ORIGINAL）和复联保险单（DUPLICATE）构成的全套保险单，其中的正本保险单可经背书转让。根据 UCP600 的规定，正本必须有“正本”（ORIGINAL）字样。在国际贸易实务中，可根据信用证或合同规定使用一份、两份或三份正本保险单，每份正本上分别印有：第一正本（THE FIRST ORIGINAL）、第二正本（THE SECOND ORIGINAL）及第三正本（THE THIRD ORIGINAL）以示区别。

（2）发票号码（Invoice Number）：填写发票号码。

（3）保险单号码（Policy Number）：填写保险公司指定号码。

（4）被保险人（Insured）：如信用证无特别规定，保险单的被保险人应是信用证的受益人。如信用证规定保险单为“TO ORDER OF ××× BANK”或“IN FAVOUR OF ××× BANK”，即应在被保险人处填写“×××出口公司＋HELD TO ORDER OF ××× BANK（或 IN FAVOUR OF ××× BANK）”。在 CIF 或 CIP 价格条件下，被保险人为卖方（出口商）；在信用证方式下，被保险人为受益人；在托收方式下，被保险人为委托人。但是当实际发生货损时，索赔的权益属于买方（进口商），所以保险单以卖方为保险人时，卖方要在保险单的背面进行背书，以示索赔权益转让给保险单的持有人，同时受让人负担被保险人的义务。如果信用证有特殊要求，所有单据以“×××”为抬头人，那么应在被保险人栏以“×××”为被保险人，这种保险单就不要背书了。如果信用证规定，保单为第三者名称（即中性名义），被保险利益人可填写“TO WHOM IT MAY CONCERN”。如果信用证规定，保单为空白抬头（TO ORDER），被保险人名称应填写“TO APPLICANT ＋出口商 FOR THE ACCOUNT OF WHOM IT MAY CONCERN”。如信用证规定以某公司或某银行为被保险人，可以直接在本栏填写所规定的名称，无须背书。

（5）标记（Marks and Nos.）：应与发票、提单等一致，也可只填写“AS PER INVOICE NO. ×××”。

（6）包装及数量（Quantity）：如果以包装件数计价，则填写最大包装的总件数；如果以毛重或净重计价，则可填写件数及毛重或净重；如果是裸装货物，则表示其件数即可；如果是散装货物，则表示其重量，并在其后注明“IN BULK”字样。

（7）保险货物项目（Description of Goods）：填写货物名称，此栏允许填写货物总称。

（8）保险金额（Amount Insured）：一般按照发票总金额的 110％投保。

信用证项下的保险单必须按信用证规定办理。此栏保险金额使用的货币应与信用证使用的货币相一致，大小写保持一致。

（9）总保险金额（Total Amount Insured）：保险金额的大写数字以英文表示，末尾应加“ONLY”，以防涂改。

（10）保费（Premium）：一般由保险公司印就“as arranged”（如约定）字样。除非信用证另有规定，每笔保费及费率可以不具体表示。

（11）装载运输工具（Per Conveyance）：填写装载船的船名。当运输由两程运输完成时，应分别填写一程船名和二程船名。如再转运到内陆，则需加“OTHER CONVEYANCE”。如空运，则填写“BY AIR”或“BY AEROPLANCE”；如陆运，则填“BY TRAIN”或“BY WAGON NO.×××”；如以邮包寄送，则填“BY PARCEL POST”；若采用海陆联运方式，则填“BY S. S ××× AND THENCE BY OVERLAND TRANSPORTATION TO ×××”。

（12）开航日期（Date of Commencement）：一般填写提单的签发日期，也可填写提单签发日前后各五天之内任何一天的日期，或填写“AS PER B/L DATE”。

（13）起运地和目的地（From…To…）：此栏填写起运地和目的地名称。当货物经转船到达目的港时，可填写“FROM 装运港 TO 目的港W/T AT 转运港（WITH TRANSIPMENT AT ×××）”，也可填写“VIA 转运港 AND THENCE TO 投保最终目的地”。例如：货物由上海运达纽约港后，转运到芝加哥，提单可填写：“FROM SHANHGAI TO NEW YORK AND THENCE TO CHICAGO”或“FROM SHANGHAI TO NEW YORK IN TRANSIT TO CHICAGO”。

（14）承保险别（Conditions）：本栏是保险单的核心内容，填写时应注意保险险别及文句与信用证严格一致，即使信用证中有重复语句，为了避免混乱和误解，也最好按信用证规定的顺序填写。如果信用证没有规定具体险别，或只规定“MARINE RISK”“USUAL RISK”或“TRANSPORT RISK”等，则可投保一切险（ALL RISKS）、水渍险（WA 或 WPA）、平安险（FPA）三种基本险中的任何一种。如信用证中规定使用伦敦协会条款（包括修订前后或修订后的），则可以按信用证规定承保，保单应按要求填制。投保的险别除注明险别名称外，还应注明险别适用的文本及日期。

（15）货损检验及理赔代理人（Surveying and Claim Settling Agents）：一般选择在目的港或目的港附近有关机构为货损检验、理赔代理人，并详细注明代理人的地址。如果保险单上注明保险责任终止是在内地而非港口，则应填列内地代理人的姓名和地址。如果当地无中国人民保险公司的代理机构，可以注明由当地法定检验机构代为检验。如果信用证自行指定买方选择的代理人，则不应接受。

（16）赔付地点（Claim Payable at）：此栏按合同或信用证要求填制。如果信用证中并未列明，一般将目的港作为赔付地点。如果买方指定理赔代理人，则理赔代理人必须在货物到达目的港的所在国内，便于到货后检验。赔款货币一般为与投保额相同的货币。

（17）日期（Date）：保险单的签发日期。由于保险公司提供仓至仓（WAREHOUSE TO WAREHOUSE）服务，因此要求保险手续在货物离开出口方仓库前办理。保险单的日期也应是货物离开出口方仓库前的日期。

（18）投保地点（Place）：一般为装运港（地）的名称。

（19）签章（Authorized Signature）：由保险公司签字或盖章以示保险单正式生效。

（20）背书（Endorsed）：

1）空白背书。空白背书（Blank Endorsed）只注明被保险人（包括出口商名称和经办人的名字）名称。当来证没有规定使用哪一种背书时，可使用空白背书方式。

2）记名背书，当来证要求“DELIVERY TO（THE ORDER OF）××× COMPANY（BANK）”或“ENDORSED IN THE NAME OF ×××”，即规定使用记名方式背书。具体做法是：在保险单背面注明被保险人的名称和经办人的名字后，填写“DELIVERY TO ××× COMPANY（BANK）”或“IN THE NAME OF ×××”的字样。记名背书在出口业务中较少使用。

3）记名指示背书。当来证保单条款规定为“INSURANCE POLICY OR CERTIFICATE IN NEGOTIABLE FORM ISSUED TO THE ORDER OF ×××”时，即使用记名指示背书。只要在保险单背面填写“TO ORDER OF ×××”，然后签署被保险人的名称即可。

一般而言，以信用证付款的合同，当卖方将出口货物装上海轮后，风险已转移给买方。倘若保险单是以卖方为被保险人的，按商业习惯，卖方应在将单证送到银行结汇前，在保险单正本加盖签章（即背书），于是这份保险单的权益随同被保险货物权利的转移而转给单据持有人。

七、出口信用保险办理流程及相关单据填制说明

（一）短期出口信用保险（小微企业适用）投保及理赔具体操作流程

为以信用证、非信用证方式从中国出口的货物或服务提供应收账款收汇风险保障，承保业务的信用期限一般在一年以内。信用保险业务办理流程如下：

（1）出口企业填写短期出口信用保险综合险投保单，签订保单，完成企业投保。

（2）出口企业填写短期出口信用综合险买方信用限额申请表，完成客户限额申请。

出口信用保险

（3）出口企业对接中国出口信用保险公司所在地分公司，开通网上申报权限或由信保公司代为出口业务操作申报。

（4）出口企业登录中国出口信用保险公司官网（http://www.sinosure.com.cn/）进行出口业务申报并根据相关政策核算、交纳保险费等。

（5）出口企业可就损失通知索赔、定损核赔、理赔追偿等。

（二）相关单据填制说明

1. 短期出口信用保险综合险投保单填制说明

短期出口信用保险中小企业综合保险投保单（样本）如表 4－5 所示。

表 4－5　短期出口信用保险中小企业综合保险投保单（样本）

请您仔细阅读保险条款，并听取保险公司业务人员的说明，如对保险公司业务人员的说明不明白或有异议的，请在填写本投保单之前向保险公司业务人员进行询问，如未询问，视同已经对条款的内容完全理解并无异议。

中国出口信用保险公司：

遵照短期出口信用保险中小企业综合保险条款 2.0 版的规定，在提供以下信息、保证和声明的基础上，我公司特向贵公司提出投保短期出口信用保险中小企业综合保险 2.0 版的申请。请贵公司对我公司自________年____月____日起投保范围内的出口予以审核承保，并及时通知我公司承保条件及费率。

一、投保人基本情况

（一）基本信息

公司名称（中文）		
（英文）		
下列选项 1 和选项 2 内容二选一，非“三证合一”企业请填写选项 1；“三证合一”企业请填写选项 2：		
1	注册地址	
	营业地址	
	工商注册号	
	组织机构代码	
2	住所	
	统一社会信用代码	
海关统计经营单位编码		
主要出口产品所属品类（请在适合的框内打“√”，请单选）： □机电产品 □汽车整车 □汽车零部件 □船舶 □高新技术 □轻工 □纺织品 □农产品 □医药保健产品 □钢铁 □其他		
营业范围		
出口开始年份		
企业类型（请在适合的框内打“√”）		
国有企业［　］	民营企业［　］	外资企业［　］
经营性质（请在适合的框内打“√”）		
贸易公司［　］	贸易代理［　］	生产性企业［　］
是否上市公司（请在适合的框内打“√”）		
是［　］	否［　］	

续前表

（二）联系方式

1. 公司基本联系方式

电话		传真		邮编	
经营地址					
电子信箱					

2. 法定代表人联系方式

姓名		职务		电话	

3. 委托代理人联系方式

姓名		职务		电话	
电子信箱					

4. 主要联系人联系方式

姓名		职务		电话	
电子信箱					

二、出口情况

（一）近年出口情况分析

年份	出口总额（万美元）
近 12 个月累计出口额	
年	
年	
年	

投保年度预计出口额：USD ____________________

（二）过去三年中超过 5 万美元逾期未收汇情况的细节

是否有上述未收汇情况：□有　□无（如选择“有”，请填写以下内容：）

年份	国家	债务人名称/地址	最终损失金额（万美元）	损失原因［请填写损失原因代码］
年				
年				
年				
年				
年				
年				
年				

损失原因代码：A=破产，B=拖欠，C=拒绝受领货物，D=贸易纠纷，E=政治风险。

注：

1. 如地方不够可另加页。
2. 可以近期向外汇管理局报送的逾期未收汇报表复印件代替此表。

续前表

三、买方信息

主要买方清单：

序号	买方名称（英文大写）	出口金额（万美元）	交易历史及累计交易金额		拖欠历史	
			年	金额（万美元）	次数	总金额（美元）

四、对争议解决方式的选择（请在下述［　］内打“√”选一）

仲裁	在北京仲裁委员会仲裁［　］
诉讼	在被告所在地诉讼　　［　］

五、随本投保单所附资料清单：

六、其他需要说明事项（被保险人如有特殊要求，可在此填写）：

七、声明与保证事项：

（一）我公司郑重声明已经详读短期出口信用保险中小企业综合保险条款 2.0 版，对上述保险条款，尤其是涉及免除或限制保险人责任部分的条款内容，中国出口信用保险公司已向我公司进行了明确的提示和说明，我公司也已经充分理解并无异议，并在此基础上填写本投保单。

（二）我公司保证作为贸易的实际当事方，上述投保范围内签订的销售合同真实、合法、有效。

（三）我公司保证未经中国出口信用保险公司书面同意，不向除我公司开户银行以外的任何机构、买方或其他人披露本保险关系的存在或其他内容。

（四）我公司保证按照短期出口信用保险中小企业综合保险单 2.0 版的规定全面履行被保险人的义务。

（五）我公司保证本投保单中所填写的内容均是真实的，无隐瞒任何与本保险有关的重要情况，并同意以此作为贵公司承担保险责任的先决条件。

投保单位盖章

法定代表人：

签字人职务：

签　　字：　　　　　（请用正楷填写）

签字日期：　　　年　　月　　日

投保申请人在手工填单或网上系统申报时应按要求详细填写，所列项目应填写完整、准确、清晰，不得涂改。投保申请人应仔细阅读短期出口信用保险中小企业综合保险条款 2.0 版，熟悉出口信用保险相关政策、规定。

（1）投保人基本情况：据实详细填写。

（2）出口情况：据实填写近 3～4 个自然年，以投保人为发货报关的年销售额。

（3）买方信息：填写投保人近年前 8～10 位买方客户的出口情况。

（4）对争议解决方式的选择：据实选择填写。

（5）随本投保单所附资料清单：据实填写。

（6）其他需要说明事项：据实填写或咨询信保专员按要求填写。

2. 短期出口信用综合险买方信用限额申请表填制说明

短期出口信用综合险买方信用限额申请表示例如表 4－6 所示。

表 4－6　短期出口信用综合险买方信用限额申请表

＊适用于非信用证支付方式＊

<table>
<tr><td>＊保险单号：</td><td>买方基础信息</td><td>买方代码：</td></tr>
<tr><td>＊被保险人名称：

申请限额：
＊金额 USD
＊信用期限　　天</td><td colspan="2">＊买方国家：
城市：
＊名称：
＊地址：
注册号：
＊电话：　　　　　　　传真：</td></tr>
<tr><td>销售合同情况：
＊合同支付方式：□O/A □D/P □L/C
＊当前在手订单金额：USD ________
＊当前应收账款余额：USD ________
＊出口商品名称：________
<table>
<tr><td>□家电产品</td><td>□光伏产品</td></tr>
<tr><td>□摩托车</td><td>□纺织成品</td></tr>
<tr><td>□医药保健品</td><td>□农产品</td></tr>
<tr><td>□钢铁</td><td>□燃料油</td></tr>
<tr><td>□家具</td><td>□鞋靴</td></tr>
<tr><td>□汽车零部件</td><td>□工程机械及其零部件</td></tr>
<tr><td>□农药</td><td>□化肥</td></tr>
<tr><td>□其他通信产品</td><td>□船舶及修理</td></tr>
<tr><td>□电脑</td><td>□印刷电路板及原材料</td></tr>
<tr><td>□陶瓷</td><td>□玩具</td></tr>
<tr><td>□汽车整车或成套散件</td><td>□手机及电话</td></tr>
<tr><td>□纺织原料及半成品</td><td>□其他基本金属及贵金属</td></tr>
<tr><td>□皮革</td><td>□其他</td></tr>
</table></td><td colspan="2">是否存在担保：□是 □否
买方指定担保人：
担保人代码：
担保人名称：
担保人国家：
担保人地址：
注册号：
电话：
传真：

历史交易情况：
＊是否有过历史交易：□是 □否（如是，则如下为必填）
＊交易历史情况：
1. 最早成交年份：________年
2. 开始放账年份：________年
3. 近三年交易情况
<table>
<tr><td>成交年份</td><td>结算方式</td><td>成交金额</td></tr>
<tr><td>年</td><td>□L/C□D/P□O/A</td><td>USD ____</td></tr>
<tr><td>年</td><td>□L/C□D/P□O/A</td><td>USD ____</td></tr>
<tr><td>年</td><td>□L/C□D/P□O/A</td><td>USD ____</td></tr>
</table></td></tr>
</table>

续前表

<table>
<tr><td>贸易术语（选填）：
□EXW□FCA□FAS□FOB□CFR□CIF
□CPT□CIP□DAF□DES□DEQ□DDU
□DDP□其他________</td><td rowspan="2">4. 买方当前付款表现：
□应付款日内（含）USD ____________
□应付款日后 30 天以内 USD ____________
□应付款日后 31～60 天 USD ____________
□应付款日 60 天以上 USD ____________
5. 逾期原因：□拒收□拖欠□破产□政治风险□其他________
（如应付款日后 60 天以上金额>0，则逾期原因为必填项）</td></tr>
<tr><td>在本信用限额项下是否有贸易融资需求：
*是　　　　　否</td></tr>
<tr><td colspan="2">其他说明</td></tr>
<tr><td>以下由保险人填写</td><td rowspan="3">投保企业声明
1. 待与保险人签订正式保单后，将按保单条款规定履行被保险人的各项义务，本预批信用限额申请表成为保单的组成部分。
2. 投保企业知悉，上述询问内容构成保险人决定是否同意承保的基础，投保企业填写内容的真实性、完整性是保险人承担赔偿责任的前提条件之一，投保企业应如实告知。如果投保企业未如实告知，保险人有权解除与其签署的正式保单，或者解除与投保企业未如实告知涉及的信用限额相关的保险合同部分，并拒绝承担赔偿责任，且不退还已收保险费。
（盖章）　　　　　　　　　年　月　日</td></tr>
<tr><td>保险人收到时间</td></tr>
<tr><td>保险人登记号</td></tr>
</table>

申请人在手工填单或网上系统申报时应按要求详细填写，所列项目应填写完整、准确、清晰，不得涂改，带“*”为必填项目。

（1）被保险人名称：一般为出口商全称，即报关单的发货人或提单的托运人。

（2）申请限额：一般为该批合同订单最大限额，信用期限为实际预收款期限。

（3）买方基础信息：填写实际买方注册名称、地址及常用联系方式，一般为提单受托人的信息。

（4）销售合同情况：据实填写。

（5）历史交易情况：据实填写。

（6）其他情况：据实填写或咨询信保专员按要求填写。

3. 短期出口信用综合险出口申报单填制说明

该申报单无纸质版，均需在信保网上申报，可参阅中国出口信用保险公司官方网站。

八、出口结汇主要单据填制说明

（一）汇票的缮制说明

信用证项下的汇票的填制应完全按照信用证内的汇票条款来制作，汇票

汇票制作

的缮制说明如下：

1. 出票根据（Drawn under）

此栏应填写开证银行的名称和地址。此栏中的名称应填写全称，除非信用证内汇票条款中允许写开证行的缩写，如信用证中规定“DRAFT DRAWN UNDER HK BANK NY”。但在特殊情况下，为了某种原因，如开证行需要保护自己或避免国家管制，而在此栏中填上另一家银行的名称和地址，在一般情况下，出口公司会接受这一要求，按照信用证中规定的银行名称和地址填写此栏目。

2. 信用证号码（L/C No.）

此栏正确填上信用证的号码。但有时也可接受来证不要求填上此栏的要求。

3. 开证日期（Date of Issuance）

此栏应正确填上信用证开立的日期。

4. 年息（Payable with Interest）

此栏应由结汇银行填写，用以清算企业与银行间利息费用。

5. 小写金额（Amount in Figures）

此栏填写小写的金额，由货币名称缩写及阿拉伯数字组成，要求保留小数点后两位。例如：CAD 1 278.00 或 USD 598.00。货币名称应与信用证规定和发票上的货币一致，汇票金额的多少应根据信用证的具体规定来填写。例如：

（1）如信用证中规定“DRAFT...FOR 100% OF INVOICE VALUE”或“DRAFT AT SIGHT...FOR FULL INVOICE COST/VALUE”，或者当实际装运的数量少于规定的数量，且信用证允许分批时，每一批出货的发票金额是实际应收金额。此时，汇票金额等于发票金额。

（2）当发票金额含佣金或折扣时，信用证表示发票含佣金或折扣，议付时佣金或折扣须在汇票上予以扣除，即汇票上应填写实际所能收回的除去佣金或折扣的金额，例如：“INVOICE SHOWING CIF VALUE INCLUDING 3% COMMISSION, AT THE TIME OF NEGOTIATION 3% COMMISSION MUST BE DEDUCTED FROM DRAWINGS UNDER THIS CREDIT.”此时，汇票金额小于发票金额。

另外，当来证要求两张汇票分别支付一笔交易额，如“CAD 16 760.00 PAYABLE AGAINST SIGHT DRAFT ACCOMPANYING ABOVE DOCUMENTS, CAD 4 850.00 PAYABLE AGAINST SIGHT DRAFT AND PRESENTATION OF INDEPENDENT SURVEYORS REPORT...”此时，这两张汇票上各自的金额数也小于发票金额。

6. 汇票大写金额（Amount in Words）

大写金额应由小写金额翻译而成，一般顶格填写，货币名称全称写在数额前，大写金额后加 ONLY。例如：USD 23 978.55 应为“SAY UNITED STATES DOLLARS TWENTY-THREE THOUSAND NINE HUNDRED SEVENTY-EIGHT AND CENTS FIFTY-FIVE ONLY”，其中，小数点后数字的表达方法有以下几种：（1）CENTS FIFTY-FIVE；（2）POINT FIFTY-FIVE；（3）55% OR 55/100。

7. 号码（No.）

此栏目有三种填写方法：（1）填发票号码，说明该汇票是某发票项下的，以核对发票与汇票中相同相关内容；（2）按本身汇票的顺序编号；（3）此栏空白。我国出口贸易多采用第一种方法。

8. 付款期限（At...Sight）

根据汇票本身性质，常见的汇票付款期限有两种，即期付款和远期付款。

（1）即期汇票（Sight Draft）：即在汇票的出票人按要求向银行提交单据和汇票时，银行应立即付款，一般在 AT 和 SIGHT 之间的横线上打上“...”或“***”等。

（2）远期汇票（Time Draft）：表示在将来的某个时间付款。具体付款时间应按照信用证在规定的“远期”起算日算起的几天内。起算日不同，付款的日期也不同。例如：

1）DRAFT AT 30 DAYS SIGHT：这是以见票日为“远期”起算日，即为见票日后 30 天付款，在填写时，在付款期限一栏内写上 30 DAYS 即可。

2）DRAFT AT 30 DAYS FROM THE DATE OF INVOICE：这是以发票日期为“远期”起算日，即发票日期后 30 天付款。在填写汇票时，应写上“30 DAYS FROM THE DATE OF INVOICE”。对于此类来证，发票制作时应尽量提前日期，以便卖方尽早收汇。

3）DRAFT AT 30 DAYS FROM THE DATE OF B/L：这是以提单日期作为“远期”起算日，即提单签发日后的 30 天付款。在填写时，只要写上“30 DAYS AFTER B/L DATE”即可。

4）THIS L/C IS AVAILABLE WITH US BY PAYMENT AT 90 DAYS AFTER RECEIPT OF FULL SET OF DOCUMENTS AT OUR COUNTERS：这是以付款银行收到全套单据为“远期”起算日的远期算付款信用证。在填写时，应写上“90 DAYS AFTER RECEIPT OF FULL SET OF DOCUMENTS AT YOUR COUNTERS”。需要注意的是，信用证内容为“OUR COUNTERS”时，在汇票上相应调整为“YOUR COUNTERS”作为受益人对付款银行的称呼。另外，如信用证规定“THIS L/C IS AVAILABLE WITH US BY PAYMENT AT 30 DAYS AFTER RECEIPT OF FULL SET OF DOCUMENTS AT OUR COUNTERS”，在制作

汇票时，付款期限栏只需写“AT 30 DAYS AFTER RECEIPT OF FULL SET OF DOCUMENTS AT YOUR COUNTERS”。

5）如信用证中规定“THE BENEFICIARY’S DRAFTS DRAWING AT 60 DAYS AFTER SIGHT AND NEGOTIABLE ON SIGHT BASIS WITH INTEREST ADDED AT THE RATE OF 14.5% PER ANNUM FROM DATE HEREOF TO APPROXIMATE DATE OF RECEIPT OF REMITTANCE IN TOKYO FOF ACCOUNT OF THE ACCOUNTEE”，在制作汇票时应明确这是一份“假远期”信用证，卖方应按规定开 60 天远期汇票，但可即期获得货款，在付款到期日前，按 14.5%年利支付的利息由买方承担，在汇票上 AT 和 SIGHT 之间填写“60 DAYS AFTER”，然后注明“NEGOTIABLE ON SIGHT BASIS”字样。

9. 受款人（Pay to the Order of...）

此栏目应根据信用证内容填写。如信用证无规定，则填写议付银行的名称和地址，如未明确哪家银行为议付行，则填写 BANK OF CHINA。例如：CREDIT AVAILABLE WITH THE ADVISING BANK NEGOTIATION AGAINST PRESENTATION OF YOUR DRAFTS AT SIGHT DRAWN ON US FOR FULL INVOICE VALUE，此文显示议付必须在 THE ADVISING BANK（通知行）进行，即议付行就是通知行，故在此栏中填写通知行的名称和地址。

（1）汇票的受款人通常有以下三种填写方法：

1）限制性抬头：如“PAY ××× ONLY”（仅付给×××），或再加上“NOT NEGOTIABLE”或“NOT TRANSFERABLE”（不准流通），这种汇票不能流通，只有指定的受款人×××才能接受票款。

2）指示抬头：如“PAY TO THE ORDER OF ×××”（由×××指定），这种汇票可经受款人×××背书转让。

3）持票人或来人抬头：如“PAY BEARER”（给来人），这种汇票转让时无须背书，仅将汇票交给受让人即可。

（2）汇票的背书方法：

在指示抬头的条件下，汇票只有经过背书才能转让，背书方法一般有以下三种：

1）限定性背书：即背书人（受款人）在汇票背面签字，写明“仅付×××（被背书人名称）”或“付给×××（被背书人名称）不得转让”。

2）记名背书：即背书人在汇票背面签字，写明“付给×××（被背书人的名称）的指定人”。汇票背书后，经过交付，由背书人（转让人）转让给被背书人（受让人），被背书人再作记名背书转让给他人，这样就有了第二、第三背书人，这样背书的汇票可以连续背书而多次转让。

3）空白背书：又称不记名背书，即背书人在汇票背面只要签字，不写付给某人，即没有被背书人，经空白背书的汇票，任何持有人都可受款或将汇票再转变为记名背书而转让。

10. 汇票的交单日期和地点（Date and Address）

汇票的交单日期指受益人把汇票交给议付行的日期。这一栏目一般由议付银行代为填写，一般不得早于各种单据的出单日期且应在信用证的议付有效日期内。

11. 付款人（Payer）

此栏应根据信用证汇票条款中所规定的付款人填写，可能是开证行，也可能是开证申请人或另外的一家公司，例如：信用证规定“DRAFT DRAWN ON APPLICANT”，则此栏填信用证中开证申请人的名称和地址。又如：信用证要求“DRAFT ON US”，则应明确这里的US是指开证行，于是应把开证行的名称和地址填在此栏中。再如：信用证要求“VALUE ON US ISSUED ON OURSELVES”等，则只要把ON后的人明确，即是付款人。如信用证未做任何规定，付款人即为开证行。

12. 出票人（Drawer）

虽然汇票上没有出票人栏，但习惯上在右下角空白处盖上出票人全称印章及其负责人手签印章。与付款人相对应，出票人即出具汇票的人，一般为出口公司。

13. 特殊条款（Special Conditions）

虽然汇票上也没有特殊条款一栏，但如果信用证上规定汇票中有特殊条款，就应打印在右上角空白处。如来证要求：

（1）THE NUMBER OF B/L MUST BE INDICATED IN THE DRAFT，即在汇票右上角打上“THE NUMBER OF B/L IS ×××”。

（2）DRAFT AT SIGHT MARKED B/L NO. AND C/I NO.（若为分批装运，进口商要求同时在汇票上打上发票和提单的编号），即在汇票右上角打上“THE NUMBER OF B/L IS ×××；THE COMMERCIAL INVOICE NO. IS ×××”。

（二）商业发票的缮制说明

1. 发票名称（Commercial Invoice）

发票名称必须用粗体标出“COMMERCIAL INVOICE”或“INVOICE”。

2. 发票抬头人名称与地址（Messrs）

当采用信用证支付货款时，如果信用证上有指定抬头人，则按来证规定制单，否则，根据UCP600第18条的规定，必须以申请人为抬头；当采用托收方式支付货款时，则应填写合同买方的名称和地址。填写时名称和地址不应同行放置。

3. 出票人名称与地址（Issuer）

填写出票人的英文名称和地址。

4. 运输资料（Transport Details）

填写货物实际的起运港（地）、目的港（地）以及运输方式，如果货物需经转运，应把转运港的名称表示出来。例如：FROM GUANGZHOU TO HELSINKI W/T HONG KONG BY VESSEL。

5. 发票号码（Invoice No.）

发票号码由出口公司根据本公司的实际情况自行编制。

6. 发票日期（Invoice Date）

在所有结汇单据中，发票是签发日期最早的单据，该日期可以早于开证日期，但不得迟于信用证的议付有效期。

7. 信用证号码（L/C No.）

当采用信用证支付货款时，填写信用证号码。

8. 开证日期（L/C Date）

填写信用证的开证日期。

9. 合同号码（S/C No.）

合同号码应与信用证上列明的一致，一笔交易牵涉几个合同的，应在发票上表示出来。

10. 支付方式（Terms of Payment）

填写该笔业务的付款方式，如 L/C、T/T 等。

11. 唛头及件号（Marks and Number）

发票的唛头应按信用证或合同的规定填写，并与托运单、提单等单据唛头保持严格一致。如为裸装货或散装货，可填写“N/M”（No Mark 的缩写）。如信用证或合同没有指定唛头，出口商可自行设计唛头。

12. 货物内容（Description of Goods）

货物内容一般包括货物的名称、规格、数量、单价、贸易术语、包装等项目，制单时应与信用证的内容严格一致，省略或增加货名的字或句，都会造成单证不符，开证银行有权拖延或拒付货款。

13. 商品的包装（Package）、件数（Quantity）

填写实际装运的数量及包装单位，并与其他单据保持一致。

14. 单价（Unit Price）

完整的单价由计价货币、计量单位、单位金额、价格术语四个部分组成。根据 UCP600 第 18 条的规定，发票中显示的单价和币种必须与信用证的要求一致。

15. 总值（Amount）

当实际装运时，如信用证金额有余额，则在开证人和开证行同意接受的情况下，可用发票金额制单结汇。如信用证金额不够，发票金额可比信用证金额多，具体视情况而定。

16. 价格术语（Trade Terms）

价格术语涉及买卖双方的责任、费用和风险的划分问题，也是进口地海关核定关税的依据，因此，商业发票必须标出价格术语。信用证中的价格术语一般在货物内容的单价中表示出来。

17. 声明文句（Claims）

信用证要求在发票内特别加列船名、原产地、进口许可证号码等声明文句，制单时必须一一详列。常用的声明字句有：

（1）证明所到货物与合同或订单所列货物相符。

（2）证明原产地。

（3）证明不装载于停靠限制的船只或港口。

（4）证明货真价实。

（5）证明已经航邮有关单据。

18. 出单人签名或盖章（Signature）

商业发票只能由信用证中规定的受益人出具。

除非信用证另有规定，如果以影印、电脑处理或复写方法制作的发票，作为正本者，应在发票上注明“正本”（ORIGINAL）字样，并由出单人签字。

（三）装箱单缮制说明

1. 装箱单名称（Packing list）

应按照信用证规定使用，通常包括“Packing List”“Packing Specification”“Detailed Packing List”等。如果来证要求用中性包装单（Neutral Packing List），则包装单名称应为“Packing List”，但包装单内不填写卖方名称，且不能签章。有的出口公司将两种单据的名称印在一起，当来证仅要求出具其中一种时，应将另外一种单据的名称删去。单据的名称必须与来证要求相符。如信用证规定为“Weight Memo”，则单据名称不能用“Weight List”。装箱单列明每批货物的花色搭配；重量单则列明每件货物的净重和毛重。这两种单据可用来补充商业发票内容的不足，便于进口国海关检查，核对货物。在缮制装箱单和重量单时，应严格按照来证的要求办理。

装箱单的制作

常见的单据名称有：

PACKING LIST（NOTE）装箱单

WEIGHT LIST（NOTE）重量单

MEASUREMENT LIST 尺码单

PACKING LIST AND WEIGHT LIST 装箱单/重量单

PACKING NOTE AND WEIGHT NOTE 装箱单/重量单

PACKING LIST AND WEIGHT LIST AND MEASUREMENT 装箱单/重

量单/尺码单

PACKING NOTE AND WEIGHT NOTE AND MEASUREMENT 装箱单/重量单/尺码单

WEIGHT AND MEASUREMENT LIST 重量单/尺码单

WEIGHT AND MEASUREMENT NOTE 重量单/尺码单

PACKING AND MEASUREMENT LIST 装箱单/尺码单

PACKING AND MEASUREMENT NOTE 装箱单/尺码单

出口企业不仅在出口报关时需要提供装箱单、重量单，信用证往往也将之作为结汇单据。实际上，装箱单、重量单和尺码单都是商业发票的一种补充单据，它们的制作方法与主要内容基本一致。装箱单着重表示包装情况，重量单着重说明重量情况，尺码单则着重商品体积的描述。它们均具有以下特点：

（1）装箱单、重量单和尺码单的号码栏与日期栏应与发票保持一致。

（2）装箱单、重量单和尺码单一般不显示收货人、价格、装运情况，对货物描述一般都使用统称概述。

（3）装箱单着重表现货物的包装情况，从最小包装到最大包装的包装材料、包装方式等应一一列明，而对于重量和尺码内容，一般只体现累计总额。重量单则在装箱单的基础上，详细表示货物的毛重、净重、皮重等。

（4）装箱单、重量单和尺码单的制作要以信用证、合同、备货单、出货单为凭据。

（5）如果信用证要求在装箱单、重量单和尺码单上填写一些特殊条款，应照办。

2. 编号（No.）

编号与发票号码一致。

3. 合同号或销售确认书号（Contract No. /Sales Confirmation No.）

应注明此批货的合同号或者销售合同书号。

4. 唛头（Shipping Marks）

与发票一致，有的注明实际唛头，也可以只注明“As per Invoice No. ×××”。

5. 箱号（Case No.）

又称包装件号码。在单位包装货量或品种不固定的情况下，需注明每个包装件内的包装情况，因此包装件应编号。例如：Case No. 1－5，Case No. 6－10 等。有的来证要求此处注明“CASE NO. 1－UP”，UP 是指总箱数。

6. 货号（Name of Commodity）

应与发票内容一致。

7. 货物描述（Description & Specification）

要求与发票一致。货名如有总称，应先注总称，然后逐项列明详细货名。与第5项和第6项对应，逐一注明每一包装件的货名、规格、品种。包装单所列的情况，应与货物的包装内容完全相符。

8. 数量（Quantity）

应注明此箱内每件货物的包装件数，如“bag10”“drum20”“bale50”等，合计栏同时注明合计件数。

9. 毛重（Gross Weight）

注明每个包装件的毛重和此包装件内不同规格、品种、花色货物各自的总毛重，并在合计栏处注明总货量。信用证或合同未要求的，不注亦可。如要求填写“Detailed Packing List”，则应逐项列明。

10. 净重（Net Weight）

注明每个包装件的净重和此包装件内不同规格、品种、花色货物各自的总净重，并在合计栏处注明总货量。信用证或合同未要求的，不注亦可。如要求填写“Detailed Packing List”，则应逐项列明。

11. 箱外尺寸（Measurement）

注明每个包装件的尺寸。如来证要求在单据上要求注明总尺码，则应照办。装箱单上的尺码应与提单上注明的尺码一致。

12. 合计（Total）

单据的各项合计内容，应与发票和其他单据的内容一致。如装箱单上的总件数和重量单上的总重量，应与发票、提单上的总件数或总数量相一致。

13. 出票人签章（Signature）

应与发票相同。

（四）海运提单的缮制说明

1. 托运人（Shipper）

托运人也称发货人（Consignor），是指委托运输的当事人。如信用证无特殊规定，应以受益人为托运人。如果受益人是中间商，货物是从产地直接装运的，这时也可以实际卖方为发货人，因为按UCP600的规定，如信用证无特殊规定，银行将接受以第三者为发货人的提单。

2. 收货人（Consignee）

这是海运提单的抬头，是银行审核的重点项目，应与托运单中“收货人”的填写完全一致，并符合信用证的规定。

收货人栏的填写必须与信用证要求完全一致，任何粗心大意和贪图省事的填法都可能是单证不符点。例如：提单开成“凭ABC公司指定人指示”，而信用证要求“凭ABC公司指示”。抬头为特定的公司与这一公司的指定人是完全不同的，前者只有这一特定的公司可以提货，提单不能转让，后者提单经此公司背书便可以转让。又如：假设信用证上规定的地名是简称，而提单上写的是全称，也是不符点。

如果是托收方式中的提单，本栏一般填“To order”或“To order of shipper”均可，然后由发货人背书。不能作成收货人指示式，因为如果这样，则代收行和发货人均无法控制货权；若未经代收行同意，也不能作成代收行指示式，因为UCP600第10条规定：“事先未征得银行的同意，货物不应直接运交给银行或作成银行抬头或银行指示性抬头。”

3. 被通知人（Notify Party）

即买方的代理人，货到目的港时由承运人通知其办理报关提货等手续。如果信用证中有规定，应严格按信用证规定填写，如详细地址、电话、电传、传真号码等，以便通知顺利。

4. 收货地点（Place of Receipt）

即收货的港口名称或地点。

5. 船名航次（Vessel/Voy. No.）

按托运单上的船名、航次填写。如需转船，需以符号“/”间隔、顺序列出各程船名；如为预定船只，装船时发生变化，应在单据上做相应修改或待装船时填写该栏。

6. 装运港（Port of Lading）

（1）应严格按信用证规定填写，装运港之前或之后有行政区的，如Xingang/Tianjin，应照加。

（2）一些国外开来的信用证笼统规定装运港名称，仅规定为“中国港口”(CHINESE PORTS，SHIPMENT FROM CHINA TO...)，这种规定对受益人来说比较灵活，如果需要由附近其他港口装运，受益人可以自行选择。制单时应根据实际情况填写具体港口名称。若信用证规定“YOUR PORT”，则受益人只能在本市港口装运，若本市没有港口，须事先联系开证人改证。

（3）如信用证同时列明几个装运港（地），提单只填写实际装运的那一个港口名称。

7. 卸货港/目的港（Port of Discharge）

即卸货港（目的港）的名称。如果货物需转运，装运港后没有注明中转港，则可在目的港后加注“With Transhipment at...”，简写为“W/T...”。

8. 最终目的地（Final Destination）

如果货物的目的地就是目的港，则这一栏空白。填写目的港或目的地时应注意下列问题：

（1）除FOB价格条件外，目的港不能是笼统的名称，如European main ports并不规范，必须列出具体的港口名称。若有重名港口，还应加国名。世界上有170多个港口是同名的，例如，“Newport”（纽波特）港有五个，爱尔兰和英国各有一个，美国有两个，荷属安的列斯有一个；“Portsmouth”（朴次茅斯）港也有五个，英国有一个，美国有四个；“Santa Cruz”（圣克鲁斯）港有七个，其中两个在加那利群岛（Canary Islands），两个在亚速尔群岛（Azores Islands），另外三个分别在阿根廷、菲律宾和美国；而“Victoria”（维多利亚）港有八个，巴西、加拿大、几内亚、喀麦隆、澳大利亚、塞舌尔、马来西亚和格林纳达都有。

（2）如果来证目的港后有“IN TRANSIT TO...”，在 CIF 或 C&F 价格条件下，则不能照加，只能在其他空白处或唛头内加注此段文字，表示转入内陆运输的费用由买方自理。

（3）美国一些信用证规定目的港后有 OCP 字样，应照加。OCP 即 Overland Common Points，一般叫作“内陆转运地区”，包括 North Dakota，South Dakota，Nebrasla，Colorado，New Mecico 起以东各州都属于 OCP 地区范围内。例如：San Francisco OCP，即指货到旧金山港后再转运至内陆；San Francisco OCP Coos Bay，即指货到旧金山港后再转运至柯斯湾。新加坡一些信用证规定“SINGAPORE PSA”，PSA 指 Port of Singapore Authority，即要求在新加坡当局码头卸货。该码头费用低廉，但船舶拥挤，一般船只不愿意停泊该码头，除非承运人同意。

（4）有些信用证规定目的港后有 FREE PORT（自由港），FREE ZONE（自由区），提单也可照加，如 Aden（亚丁）、Aqaba（阿喀巴）、Colon（科隆）、Beirut（贝鲁特）、Port Said（赛得港）这些目的港后应加 FREE ZONE，买方可凭此享受减免关税的优惠。

（5）如信用证规定目的港为 KOBE/NEGOGA/YOKOHAMA，此种表示为卖方选港，提单只注明一个即可。如来证规定 OPTION KOBE/NEGOGA/YOKOHAMA，此种表示为买方选港，提单应按次序全部注明。

（6）如信用证既规定某港口，又规定具体的卸货码头，提单应注明。如到槟城目的港有三种表示方法，即“Penang”或“Penang/Butterworth”或“Penang/Georgetown”。后两种表示并不是选港，Butterworth 和 Georgetown 都是槟城港中的一个具体的卸货码头，如果信用证中规定了具体的卸货码头，提单则要照填。

有这样一则案例：信用证规定海运提单，货从上海运到丹麦奥胡斯（Aarhus），我出口公司在提单上有关装卸各栏填制为：

Port of Lading：SHANGHAI

Port of Discharge：（空白）

Final Destination：AARHUS

单据寄到国外银行，开证行拒付，理由是 AARHUS 应为卸货港，而不是目的地。信用证规定的是海运，属于港至港运输，AARHUS 是一个港口而不是内陆城市，因此，它只能是卸货港，而不是最后目的地。如果运输方式是多式联运，从上海装船到欧洲某一港口，再通过陆运到 AARHUS，那么 AARHUS 可作为最后目的地，而卸货港则为欧洲港口。

9. 正本提单的份数（No. of Original B/L）

只有正本提单可流通、交单、议付，副本则不行。UCP600 第 23 条指出，提单可以是一套单独一份的正本单据，但如果签发给发货人的正本超过一份，则应该包括全套正本。出口商应按信用证规定要求承运人签发正副本提单份数。在交单议付时，应提交信用证要求的份数。单据上忘记打上正本份数或某份提单没有“正本”字样，都是不符点。信用证中对份数的表示法有以下几种：

（1）FULL SET OF B/L，是指全套提单，按习惯作两份正本解释。

（2）FULL SET（3/3）PLUS 2 N/N COPIES OF ORIGINAL FORWARDED THROUGH BILLS OF LADING，是指要求提交全部制作的三份正本。这里的“（3/3）”意为：分子的数字指交银行的份数，分母的数字指应制作的份数。N/N（Non-Negotiation）意为不可议付，即副本。

（3）FULL SET LESS ONE COPY ON BOARD MARINE BILLS OF LADING，是指应向议付行提交已装船海运提单，是全套正本（至少一份正本）。

（4）2/3 ORIGINAL CLEAN ON BOARD OCEAN BILLS OF LADING，是指制作三份正本提单，其中两份向议付行提交。

10. 标志和号码（Mark & No.）

俗称唛头。唛头即为了在装卸、运输及存储过程中便于识别而刷在外包装上的装运标记，是提单的一项重要内容，是提单与货物的主要联系要素，也是收货人提货的重要依据。提单上的唛头应与发票等其他单据以及实际货物保持一致，否则会给提货和结算带来困难。

（1）如信用证上有具体规定，缮制唛头应以信用证规定的唛头为准。如信用证没有具体规定，则以合同为准。如合同上也没有规定，则可按买卖双方私下商订的方案缮制或由受益人自定。

（2）唛头内的每一个字母、数字、图形、排列位置等应与信用证规定完全一致，保持原形状，不得随便错位、增减等。

（3）散装货物没有唛头，可以表示“No mark”或“N/M”。裸装货物能常以不同的颜色区别，如钢材、钢条等刷上红色标志，提单上可以“Red stripe”表示。

11. 件数和包装种类（Number and Kind of Packages）

本栏填写包装数量和包装单位。如果散装货物无件数时，可表示为“In bulk ”（散装）。包装种类一定要与信用证一致。

有这样一则案例：某 A 公司出口一笔大豆，合同规定以旧、修补麻袋包装。信用证对于包装条件却规定为“PACKED IN GUNNY BAGS”（麻袋包装）。A 公司按合同规定，货物以旧、修补麻袋包装，提单按信用证规定“麻袋包装”缮制。承运人在签发提单时发现货物包装是旧袋且有修补，要求在提单上加注。A 公司考虑提单加添批注造成不清洁提单则无法议付，以为合同已规定允许货物以旧、修补麻袋包装，买方不会有异议，所以改制单据为货物以旧、修补麻袋包装。单据交议付行议付时，议付行也疏忽，未发现该问题，单到开证行却被拒付，其理由是：信用证规定为“PACKED IN GUNNY BAGS”（麻袋包装），而发票与提单却表示为“PACKED IN USED AND REPAIRED GUNNY BAGS”（旧、修补麻袋包装），故单证不符。A 公司几经交涉无果，结果以削价处理才结案。

12. 商品名称（Description of Goods）

商品名称应按信用证规定的品名以及其他单据（如发票品名）来填写，应注意避免不必要的描述，更不能画蛇添足地增加内容。如信用证上商品是 SHOES（鞋子），绝不能擅自详细描述成 Men's canvas shoes（男式帆布鞋），或 Ladies' casual shoes（女式轻便鞋）等。如果品名繁多、复杂，则银行接受品名描述用统称表示，但不得与信用证中货物的描述有抵触。如果信用证规定以法语或其他语种表示品名，则应按其规定的语种表示。

13. 毛重（Gross Weight）

毛重应与发票或包装单相符。如裸装货物没有毛重只有净重，应先加“Net weight ”或“N. W. ”，再注具体的净重数量。

14. 尺码（Measurement）

即货物的体积。以立方米为计量单位，小数保留三位。在 FOB 价格条件下，可免填尺码。

15. 运费条款（Freight Clause）

运费条款应按信用证规定注明。如信用证未明确，可根据价格条件是否包含运费决定如何批注。主要有以下几种情况：

（1）如果是 CIF、CFR 等价格条件，运费在提单签发之前支付者，提单应注“Freight paid”（运费已付）或“Freight prepaid”（运费预付）。

（2）如果是 FOB、FAS 等价格条件，运费在目的港支付者，提单应注明“Freight collect”“Freight to collect”“Freight to be collected”（运费到付或运费待收），或注明“Freight payable at destination”（运费目的港支付）。

（3）如信用证规定“CHARTER PARTY B/L ACCEPTABLE”（租船契约提单可以接受），提单内可注明“Freight as per charter party”表示运费按租船契约支付。

（4）如果卖方知道运费金额或船公司不愿意暴露运费费率，提单可注“Freight paid as arranged”（运费已照约定付讫），或者运费按照约定的时间或办法支付，提单可注“Freight as arranged”或者“Freight payable as per arrangement”。

（5）对于货物的装船费和装卸费等负担问题，船公司经常会要求在提单上注明有关条款。通常有以下五种表示方法："F. I."（Free In）表示船公司不负担装船费；"F. O."（Free Out）表示船公司不负担卸船费；"F. I. O."（Free In and Out）表示船公司不负担装船费和卸船费；"F. I. O. S."（Free In，Out and Stowed）表示船公司不负担装卸费和理舱费；"F. I. O. S. T."（Free In，Out，Stowed and Trimmed）表示船公司不负担装卸费和理舱费。

16. 特殊条款（Special Condition in B/L）

特殊条款的示例如下：

（1）BILL OF LADING MUST SPECIFICALLY STATE THAT THE MERCHANDISE HAS BEEN SHIPPED OR LOADED ON BOARD A NAMED VESSEL AND/OR BILL OF LADING MUST EVIDENCE THAT MERCHANDISE HAS BEEN SHIPPED OR LOADED ON BOARD A NAMED VESSEL IN THE ON-BOARD NOTATION. 信用证要求在提单上特别注明货物装上一只定船名的船。虽然在提单上已有一个栏目填船名，但对方仍然坚持用文字证明。这是对方强调装载船的表示。一般托运人会接受，于是应在提单的空白处注明"We certify that the merchandise has been shipped on a ship name ×××"。

（2）BILL OF LADING SHOULD MARK FREIGHT PAYABLE AS PER CHARTER PARTY，EVIDENCING SHIPMENT FROM WHAMPOA，CHINA TO GULF PORT，U. S. 信用证要求强调运费根据租船契约支付，并强调装运由中国的黄埔至美国的格尔夫波特港。在填写提单时，不应因这两项内容已注在栏目中填写而放弃重写一次，应在提单空白处注明"Freight has been payable as per charter party"和"The shipment has been made from Whampoa，China to Gulf Port，U. S."。

（3）TERMS AS INTENDED IN RELATION TO NAME OF VESSEL，PORT OF LOADING AND PORT OF ARRIVAL ARE NOT ACCEPTABLE. 信用证要求不允许在有关船名、装运港、目的港表达中出现"预计"字样。在具体制作提单过程中应遵照办理。

（4）ISSUING COMPANY'S CERTIFICATE CONFIRMING THAT THE VESSEL NAMED IN B/L IS A VESSEL OF A CONFERENCE LINE. THIS DOCUMENT IS ONLY TO BE PRESENTED IN CASE OF SHIPMENT BE SEA FREIGHT. 这是信用证限制托运人必须把货物交给班轮公会承运的条款。托运人在收到来证时就应根据实际情况决定是否能做得到。从制作提单的具体方式来看，有两种处理办法：一是由船公司出具一张船籍证，证明装载船是某班轮公会的；二是由船公司在签发提单时在提单上加注证明该船是某班轮公会的。

17. 提单签发地点和日期（Place and Date of Issue）

签单地址通常是承运人收受货物或装船的地址，但有时也不一致，例如：收受或装运货物在新港（Xingang）而签单在天津。有的甚至不在同一国家。提单签发的日期不得晚于信用证规定的装运期，这对出口商能否安全收汇很重要。若提单正面条款中已有装上船条款（Shipped on board the vessel named above...），则在这种情况下，签单日期被视为装船日期。

18. 已装船批注（Laden on Board the Vessel）

有些提单正面没有预先印就的类似"已装上船"的条款，这种提单便称为备运提单。备运提单转化为已装船提单的方式有两种：

（1）在提单的空白处加"已装船"批注或加盖类似内容的图章，如"Shipped on Board"或"On Board"，然后加装船日期并加提单签发的签字或简签。简签就是指签字人以最简单的形式签字，通常只签本人姓名中的一个单词或一个字母来代替正式签字。

（2）在备运提单下端印有专供填写装船条款的栏目"Laden on Board the Vessel"（已装船批注），有人称之为"装船备忘录"。装船后，在此栏处加注必要内容，如船名等，填写装船日并由签字人签字或简签。

19. 提单签发人签字（Signed for the Carrier）

按照UCP600规定，有权签发提单的是承运人，或作为承运人的具名代理或代表，或船长，或作为船长的具名代理或代表。如果是代理人签字，代理人的名称和身份与被代理人的名称和身份都应该列明。

（五）一般原产地证的填制说明

原产地证书的填制需注意以下事项：

（1）原产地证书通常应在货物装运之前签发。对同一发票号项下的货物只能出具一份原产地证明书，若同一合同项下分批出运的货物必须分批出具原产地证书时，发票号不得重复。

（2）原产地证书须用打字机填制，证书各栏内容要求填打完整、正确、清晰，印章和签名均无错漏，必须做到与所提供的商业发票等单据内容一致。证书第6栏至第10栏各栏内容不得加盖校正章，其他各栏如出现差错，经修改后由贸促会加盖校正章，且最多不超过两处。

（3）申请单位在贸促会领取的空白原产地证书应妥善保管并只限本企业使用，不得转让给其他单位和个人使用，也不得提供给国外客商使用。

（4）如申请单位申领员、手签人员、名称、地址、电话等发生变化，应及时书面告知贸促会并重新办理登记手续，申请单位必须参加贸促会年审，否则示为放弃申请权。

《中华人民共和国出口货物原产地证明书》共有12个栏目：

（1）第1栏为出口商名称、地址、国家栏。出口商名称是指在中国经工商行政管理部门批准注册的名称，一般填打有效合同的卖方或发票抬头人。地址要填写详细，包括街道名称、门牌号码。

（2）第 2 栏为收货人名称、地址、国家栏。此栏一般应填明最终收货人名称、地址、国家，一般是外贸合同中的买方或信用证上规定的提单通知人；也可根据贸易需要，按信用证规定的“收货人”要求填打。但往往由于贸易的需要，信用证规定所有单证收货人一栏留空，在这种情况下，此栏应加注“TO WHOM IT MAY CONCERN”或“TO ORDER”，但不得留空。若需填写转口商名称，可在收货人后面加填英文“VIA”，再填写转口商名称、地址、国家。

（3）第 3 栏为运输方式和路线栏。此栏一般应填明装货港、到货港及运输方式（如海运、空运、陆运），如经转运也应注明转运地。例如：通过海运于 2021 年 7 月 1 日由上海港经香港转运到鹿特丹港，英文为“FROM SHANGHAI TO HONG KONG ON JUL. 1, 2021, THENCE TRANSHIPPED TO ROTTERDAM BY VESSEL”或“FROM SHANGHAI TO ROTTERDAM BY VESSEL VIA HONG KONG”。

（4）第 4 栏为目的港栏。此栏是指货物最终运抵港。最终目的港即最终进口国，一般与最终收货人或最终目的港国别一致。

（5）第 5 栏为签发机构使用栏。出口申报单位应将此栏留空。签发机构根据需要加注内容。

（6）第 6 栏为货物唛头及包装号码栏。此栏应按照发票上所列唛头填具完整的图案、文字标记及包装号码。如唛头较长，也可占用第 7、8、9、10 栏留空处或另加附页。附页右上角应填打相应证书号，左下角和右下角应由申请人和签发机构签字盖章。如无唛头则填“NO MARK”或“N/M”。

（7）第 7 栏为商品名称、包装数量及种类栏。商品名称要求填具体名称。包装数量及种类要求填明多少包、桶、袋等。注意在阿拉伯数字后加括号加注英文数字。如货物是散装，填写商品名称后应加注“散装”的英文“In bulk”。此栏填打完毕后，在末行加上表示结束的符号“*****”，以防再添加内容。有时国外信用证要求在所有单证上加注合同及信用证号码等，可加在此栏。

（8）第 8 栏为商品 H. S. 税目号栏。此栏要求填打四位数的 H. S. 税目号，此栏商品税目号必须填打准确无误，与报关单一致。

（9）第 9 栏为数量或重量栏。此栏应填打商品的计量单位。以重量计算的要填注毛重或净重。

（10）第 10 栏为发票号码和日期栏。此栏必须按照所申请出口货物的商业发票填打。月份一律用英文缩写。

（11）第 11 栏为出口商声明、签字、盖章栏。申请单位的证书手签人员应是本申请单位的法人代表或由法人代表指定的其他人员。手签人员应保持相对稳定，手签人员的字迹必须清楚。申请单位在此栏盖章要使用中英文对照章，手签人的签字与公章在证面上的位置不得重合。此栏还必须填打申报地点和时间。申报时间不得早于发票日期，最早为同日。

（12）第12栏为签发机构证明、签字、盖章栏。所申请的证书，经签发机构审核无误后，由授权的签证人员在此栏手签姓名，并加盖签证机构印章，注明签署地点和时间。此栏签发日期不得早于发票日期和申报日期。

填制证书一般使用英文，如信用证有特殊要求，使用其他文种也可接受。

（六）其他单据

1. 受益人证明（Beneficiary's Certificate）

指进口商在信用证中要求受益人开出证明，证明其办理了某项工作或证实某件事实的依据。受益人证明无固定格式，只需打在白纸上即可。缮制受益人证明时应注意：

（1）单据上要有“受益人证明”的字样。

（2）应显示信用证号及发票号。

（3）日期不能迟于信用证规定的日期，一般可与提单日期相同。

（4）证明的内容与信用证要求相符。

（5）受益人出立并证实签章。

2. 船公司证明（Shipping Company's Certificate）

指船公司或其代理人出立的单据，用来证明船籍、船龄、航程等。船公司证明用在特殊情况下，如进口商由于某些政治原因，或为避免运输途中被扣，有时要求出口商仅装某些国家的船或不装某些国家的船；或要求船只不经过某些地区，不通过某一运河或不在某些港口靠港等，出口商就要就要取得船公司的证明。

⌘ 操作示范

▸ 示范任务1 缮制国内购销合同

※任务描述※

安徽腾龙进出口有限公司的业务员赵敏（Jenny）与秘鲁 INDUSTRIAS DENATEAU S. A. 公司的 Michelle 于2020年5月20日就反光背心达成交易，并签署销售合同，如表4-7所示。随后，赵敏向浙江银星安全防护反光服装厂采购反光背心，并签订了购销合同，如表4-8所示。

表 4-7　销售合同

安徽腾龙进出口有限公司
ANHUI TENGLONG IMPORT & EXPORT CO., LTD
Room 2001-4#, 20 Building, Hefei, Anhui, China
TEL: +86 551 63657599　FAX: +86 551 63657308

销售合同
SALES CONTRACT

买方
Buyers: INDUSTRIAS DENATEAU S. A.
JR. PAITA
CALLAO PERU

合同号码
Contract No.: TLID20200520
日期
Date: MAY. 20, 2020

卖方：安徽腾龙进出口有限公司
Sellers: ANHUI TENGLONG IMPORT & EXPORT CO., LTD

兹确认售予买方下列货物，其成交条款如下：
WE CONFIRM HAVING SOLD YOU THE FOLLOWING GOODS ON TERMS AND CONDITIONS SPECIFIED AS BELOW:

产品及规格 Description of Goods	数量 Quantity (PCS)	单价 Unit Price (USD)	总值 Amount (USD)
		FOB SHANGHAI	
ORANGE SAFETY VEST STYLE LB1009 STANDARD REFLECTIVE TAPE	5 000	$0.66	$3 300.00
ORANGE SAFETY VEST STYLE LB1005 HIGH REFLECTIVE TAPE	5 000	$0.67	$3 350.00
TOTAL:	10 000		$6 650.00

1. 包装
Packing: CARTON
2. 装运期限
Time of Shipment: Before JUL. 20, 2020
3. 装运港口
Port of Lading: SHANGHAI, CHINA
交货港口
Port of Destination: CALLAO PORT, PERU
4. 付款条件
Terms of Payment: 100% L/C AT SIGHT
5. 其他
Others:

THE BUYER:
INDUSTRIAS DENATEAU S. A.
Michelle

THE SELLER:
安徽腾龙进出口有限公司
ANHUI TENGLONG IMPORT & EXPORT CO., LTD
王　强

※任务实施※

表 4－8　购销合同

安徽腾龙进出口有限公司
购销合同

供货方：浙江银星安全防护反光服装厂　　　　合同编号：XJLB20200521
联系人：李菁菁　　　　签订日期：2020－5－21
电　话：0579－81573150　　　　传　　真：0579－81573159

一、品名、规格、数量、金额

产品描述	总数量（件）	包装（箱）	单价（件）	总金额（元）
LB1009 反光背心	5 000	50	￥4.288 1	￥21 440.5
LB1005 反光背心	5 000	50	￥4.300 1	￥21 500.5
Total：	10 000	100		￥42 941.00

二、产品质量

必须按照我司的要求或者与打样一致。

三、交（提）货日期

2020 年 6 月 15 日货送至购货方指定仓库。

四、交（提）货地点、方式、运输方式及费用

（1）供货方交货至购货方指定的仓库，费用由供货方负担。

（2）进仓前务必书面通知准确的包装明细单。

五、包装要求及费用

标签、纸卡、彩盒、彩套、说明书、质保书等由供货方按照中性包装提供，并由购货方确认。费用供货方负担。对于购货方提供的包装及其资料，供货方不得提供给任何其他单位和个人，否则由此引起的一切后果由供货方负责。

六、唛头

无。

七、质量检验及验收办法

（1）供货方所交付的成品必须经购货方或商品检验机构验收合格方可进仓。

（2）如果产品属法定商检之列，则供货方须在进仓前三天提供商检放行单或换证凭单至购货方所在办公地点。

八、结算方式及期限

100%凭增值税发票付款。

九、违约责任

供方应按合同规定，按时、按质、按量交货，如因供货方交付的成品货物不符合合同要求，或产品性能存在缺陷，引起退货，索赔造成的损失和相关费用，由供货方承担。

十、不可抗力

如供需双方由于人力不可抗拒和确非企业本身造成的原因，导致合同不能履行，经双方协商和鉴证机关查实，可免于承担经济责任。

十一、其他未尽事宜

双方协商或另订协议解决。

供货方：
浙江银星安全防护反光服装厂（签盖公章）
日　期：2020 年 5 月 21 日

购货方：
安徽腾龙进出口有限公司（签盖公章）
电　话：0551－63657599
传　真：0551－63657308
法　人：王强
日　期：2020 年 5 月 21 日

▶ 示范任务 2　审证和改证

※任务描述※

请根据销售合同（如表 4－9 所示）审核信用证（如表 4－10 所示），指明信用证中的问题并改正，用中文描述即可。根据信用证的问题，拟写改证函。

表 4－9　销售合同

SALES CONFIRMATION

S/C NO.：SPT-211
DATE：Jan. 8，2020
Signed at：Shanghai，China

THE SELLER：SHANGHAI SPORTING GOODS IMP. & EXP. CORP.
215 HUQIU ROAD，SHANGHAI CHINA
THE BUYER：PETRRCO INTERNATIONAL TRADING CO.
1100 SHEPPARD AVENUE，EAST SUITE406，WILLOWDALE，
ONTARIO，CANADA

Commodity&Specification	Unit	Quantity (pc)	Unit Price	Amount
			CIF VANCOUVER	
SBW32 BASKETBALL	PC	2 000	USD 16.95/PC	USD 33 900.00
GBW322 FOOTBALL	PC	2 000	USD 21.33/PC	USD 42 660.00
ERV5 VOLLEYBALL	PC	1 000	USD 12.15/PC	USD 12 150.00
TOTAL：		5 000		USD 88 710.00
TOTAL CONTRACT VALUE	SAY U.S. DOLLARS EIGHTY-EIGHT THOUSAND SEVEN HUNDRED AND TEN ONLY			

PACKING：TO BE PACKED IN CARTONS OF 50 PCS EACH，TOTAL 100 CARTONS.
PORT OF LOADING & DESTINATION：FROM SHANGHAI TO VANCOUVER WITH TRANSHIPMENT AND PARTIAL SHIPMENT ALLOWED.
TIME OF SHIPMENT：DURING MARCH，2020.
TERMS OF PAYMENT：THE BUYER SHALL OPEN THROUGH A BANK ACCEPTABLE TO THE SELLER AN IRREVOCABLE LETTER OF CREDIT AT SIGHT TO REACH THE SELLER 30 DAYS BEFORE THE MONTH OF SHIPMENT VALID FOR NEGOTIATION IN CHINA UNTIL THE 15TH DAY AFTER THE DATE OF SHIPMENT.
INSURANCE：TO BE COVERED BY THE SELLER FOR 110% OF INVOICE VALUE AGAINST ALL RISKS AS PER THE OCEAN MARINE CARGO CLAUSES OF THE PEOPLE'S INSURANCE COMPANY OF CHINA DATED 01/01/1981.
REMARKS：…

SELLER　　　　　　　　　　BUYER
(AUTHORIZED SIGNATURE)　　　　(AUTHORIZED SIGNATURE)

表 4-10　信用证

33062 BOCSH CN
ROYALBANK BCR
OUR L/C NO. PIT310
JAN. 30, 2020
FROM: THE ROYAL BANK OF CANADA, BRITISH COLUMBIA INTERNATIONAL CENTER, 1055 WEST GEORGIA STREET, VANCOUVER, B. C.
TO: BANK OF CHINA, SHANGHAI BRANCH
40A: REVOCABLE
59: BENEFICIARY: SHANGHAI SPORTING GOODS IMP. & EXP. CORP.
251 HUQIU ROAD, SHANGHAI CHINA
50: APPLICANT: PETRRCO INTERNATIONAL TRADING CO.
1100 SHEPPARD AVENUE, EAST SUITE406, WILLOWDALE, ONTARIO, CANADA
31D: TO EXPIRE APRIL 15, 2020 IN OUR COUNTRY
32B: FOR USD 88 170.00 (SAY U. S. DOLLARS EIGHTY-EIGHT THOUSAND ONE HUNDRED AND SEVENTY ONLY)
42C: AVAILABLE BY NEGOTIATION OF YOUR DRAFTS AT 30 DAYS SIGHT FOR 100% OF INVOICE VALUE DRAWN ON THE ROYAL BANK OF CANADA
46A: ACCOMPANIED FOLLOWING DOCUMENTS:
1. COMMERCIAL INVOICE IN QUADRUPLICATES INDICATING THE SALES CONTRACT NUMBER.
2. PACKING LIST/WEIGHT MEMO IN TRIPLICATE MENTIONING TOTAL NUMBER OF CARTONS, GROSS WEIGHT AND MEASUREMENTS PER EXPORT CARTON.
3. FULL SET OF CLEAN "ON BOARD" OCEAN BILLS OF LADING MADE OUT TO ORDER MARKED "FREIGHT COLLECT" AND NOTIFY APPLICANT.
4. INSURANCE POLICY OR CERTIFICATE IN DUPLICATE ENDORSED IN BLANK COVERTING OCEAN MARIN CARGO CLAUSE ALL RISKS AND WAR RISK FOR 100% OF INVOICE VALUE AS PER CIC DATED 01/01/1981.
5. INSPECTION CERTIFICATE IN DUPLICATE ISSUED AND SIGNED BY AUTHORIZED PERSON OF APPLICANT WHOSE SIGNATURE MUST COMPLY WITH THAT HELD IN OUR BANK'S RECORD.
45A: COVERING:
2 000 PCS GBW32 BASKETBALL USD 16.95/PC; 2 000 PCS GBW322 FOOTBALL USD 21.33/PC; 1 000 PCS ERV5 VOLLEYBALL USD 12.15/PC.
TERMS OF SHIPMENT CIF QUEBEC.
44E: FROM SHANGHAI.
44F: TO QUEBEC CANADA.
44C: DURING MARCH 2020. GOODS TO BE PACKED IN WOODEN CASES AND CONTAINER SHIPMENT PREFERABLE.
44T: TRANSHIPMENT PERMITTED.
44P: AND PARTIAL SHIPMENT PROHIBITED.
SHIPPING MARKS:
PIT
VANCOUVER
C/NO. 1-UP

续前表

71B：ALL BANKING CHARGES INCLUDING REIMBURSEMENT COMMISSION OUTSIDE CANADA ARE FORACCOUNT OF BENEFICIARY.

48：DOCUMENTS TO BE PRESENTED WITHIN 3 DAYS AFTER THE DATE OF ISSUANCE OF THE SHIPPING DOCUMENTS BUT WITHIN THE VALIDITY OF THE CREDIT.

47A：SPECIAL INSTRUCTIONS：

——T. T. REIMBURSEMENT IS NOT ACCEPTABLE.

——THIS CREDIT IS REVOCABLE AND NOT TRANSFERABLE.

——DOCUMENTS PRIOR TO THE ISSUANCE OF THIS CREDIT ARE NOT ACCEPTABLE.

WE HEREBY ENGAGE WITH DRAWERS AND/OR BONA FIDE HOLDERS THAT DRAFTS DRAWN AND NEGOTIATED IN CONFORMITY WITH THE TERMS OF THIS CREDIT WILL BE DULY HONOURED ON PRESENTATION AND THAT DRAFTS ACCEPTED WITHIN THE TERMS OF THIS CREDIT WILL BE DULY HONOURED ON MATURITY.

40E：THIS CREDIT IS ISSUED SUBJECT TO UNIFORM CUSTOMS AND PRACTICE FOR DOCUMENTARY CREDITS（2007 REVISION）ICC PUBLICATION NO. 600.

※任务分析※

经审核上述信用证存在以下问题：

（1）信用证应为 IRREVOCABLE，规定 REVOCABLE 与 UCP600 矛盾。

（2）受益人地址有误，251 HUQIU ROAD 应为 215 HUQIU ROAD。

（3）信用证到期地点不宜在买方。

（4）信用证金额 88 170.00 应为 88 710.00。

（5）信用证的付款日期不是 30 天的远期信用证，而是即期信用证。

（6）成交条件 CIF，提单运费应为“FREIGHT PREPAID”。

（7）保险金额应为发票金额的 110%。

（8）商检证书由买方授权的人签字不能接受。

（9）篮球的型号是 SBW 而不是 GBW。

（10）目的港出错，QUEBEC 应为 VANCOUVER。

（11）本批货物包装用纸箱 CARTON，而不是木箱 WOODEN CASE。

（12）合同规定允许分批装运，而信用证规定不允许分批装运。

（13）运输单据出单后 3 天内交单，时间太短，受益人无法接受。

※任务实施※

拟写改正函如下：

Feb. 2, 2020

Dear Sir,

Thank you for your L/C NO. PIT310 issued by Royal Bank dated Jan. 30, 2020.

However, we are sorry to find it contains the following discrepancies:

1. 40A: The L/C should be IRREVOCABLE not REVOCABLE.

2. 59: The beneficiary's address is wrong, which should be 215 HUQIU ROAD not 251 HUQIU ROAD.

3. 31D: The place of expiry is in CHINA not in your country.

4. 32B: The amount is USD 88 710.00 not USD 88 170.00.

5. 42C: It is sight L/C not 30 days after sight.

6. 46A: B/L marked "freight prepaid" not "freight collect".

7. 46A: Insurance should be 110% of invoice value not 100%.

8. 46A: Inspection certificate signed by authorized person of applicant cannot be accepted.

9. 45A: The specification of basketball is SBW not GBW.

10. 44F: The port of destination is VANCOUVER not QUEBEC.

11. 44C: The packing is CARTON not WOODEN CASE.

12. 44P: Partial shipment is allowed.

13. 48: Documents to be presented within 3 days after B/L date is too short, it's better 15 days.

Thank you for your kind cooperation. Please see to it that the L/C amendment reach us before Feb. 12. Otherwise, we cannot effect punctual shipment.

Regards,

Betty

▶ 示范任务 3　出口托运

※任务描述※

2020 年 3 月 21 日安徽天南玩具进出口有限公司与美国公司 TOMMY TOYS COMPANY 签订合同（合同号 ZNA20200321），结汇方式为信用证。请以天南公司单证员张丽的身份，根据销售合同（如表 4-11 所示）、信用证（如表 4-12 所示）以及补充资料，填制出口货物明细单（如表 4-13 所示），汇集发票和箱单等其他托运单据，向安徽国际货运运输公司办理托运订舱。

表 4-11 销售合同

销售合同
SALES CONTRACT

出口商 SELLER：	ANHUI ZNA TOYS IMPORT AND EXPORT CO.，LTD Room 401-2＃，133 Building，Hefei，Anhui China	编号 NO.：ZNA20200321 日期 DATE：MAR. 21，2020
进口商 BUYER：	TOMMY TOYS COMPANY NO. 901 SUNRISING ROAD NEW YORK，USA	

买卖双方同意以下条款达成交易：
This contract is made by and agreed between the BUYER and SELLER，in accordance with the terms and conditions stipulated below：

1. 品名及规格 Commodity & Specification	2. 数量 Quantity（DOZS）	3. 单价及价格条款 Unit Price（USD）	4. 金额 Amount（USD）
		FOB SHANGHAI	
6" ORANGE MINI BEAR CL1009	6 000	$2.66	$15 960.00
6" RED RABBIT TC1005	4 200	$3.89	$16 338.00
TOTAL：	10 200		$32 298.00

5. 总值 Total Value	SAY U. S. DOLLARS THIRTY-TWO THOUSAND TWO HUNDRED AND NINETY-EIGHT ONLY
6. 包装 Packing	CARTON
7. 装运期及运输方式 Time of Shipment & Means of Transportation	NOT LATER THAN MAY 15，2020
8. 装运港及目的地 Port of Loading & Destination	FROM SHANGHAI，CHINA TO NEW YORK，USA
9 付款方式 Terms of Payment	100% L/C AT SIGHT
10. 备注 Remarks	

The Buyer	The Seller
TOMMY TOYS COMPANY JOHN	ANHUI ZNA TOYS IMPORT AND EXPORT CO.，LTD 曹敏

表 4-12 信用证

2020MAR25		LOGICAL TERMINALE102
MT 700	ISSUE OF A DOCUMENTARY CREDIT	PAGE00001
		FUNC JSRVPR1

USER HEADER	SERVICE CODE	103：
	BANK. PRIORITY	113：
	MSG USER REF.	108：
	INFO. FROM CI	115：

续前表

SEQUENCE OF TOTAL	*	27	1 / 1
FORM OF DOC. CREDIT	*	40A	IRREVOCABLE
DOC. CREDIT NUMBER	*	20	4006LC129336
DATE OF ISSUE		31C	2020325
EXPIRY	*	31D	DATE 2020531 PLACE CHINA
APPLICANT	*	50	TOMMY TOYS COMPANY NO. 901 SUNRISING ROAD NEW YORK, USA
BENEFICIARY	*	59	ANHUI ZNA TOYS IMPORT AND EXPORT CO., LTD ROOM 401 - 2 #, 133 BUILDING, HEFEI, ANHUI, CHINA
AMOUNT	*	32B	CURRENCY USD AMOUNT 32 298.00
AVAILABLE WITH/BY	*	41D	ANY BANK IN CHINA, BY NEGOTIATION AGAINST THE DOCUMENTS DETAILED HEREIN AND BENEFICIARY'S DRAFT AT SIGHT DRAWN ON US UNDER L/C NO. 4006LC129336 FOR 100 PCS OF THE INVOICE VALUE.
DRAWEE		42A	HOME BANCSHARES INC.
PARTIAL SHIPMTS		43P	NOT ALLOWED
TRANSSHIPMENT		43T	NOT ALLOWED
LOADING IN CHARGE		44A	SHANGHAI PORT
FOR TRANSPIRT TO...		44B	NEW YORK PORT
LATEST SHIPMENT		44C	2020515
GOODS DESCRIPT.		45A	ORIGIN: CHINA 6" ORANGE MINI BEAR CL1009, 6 000 DOZS @ USD 2.66/DOZ 6" RED RABBIT TC1005, 4 200 DOZS @ USD 3.89/DOZ PRICE TERMS: FOB SHANGHAI SHIPPING MARKS: N/M
DOCS REQUIRED		46A	+ SIGNED COMMERCIAL INVOICE IN 4 COPIES +PACKING LIST IN 4 COPIES +FULL SET OF CLEAN ON BOARD MARINE BILL OF LADING MADE OUT TO ORDER, MARKED FREIGHT COLLECT AND NOTIFY APPLICANT. +CERTIFICATE OF ORIGIN CERTIFYING GOODS OF ORIGIN IN CHINA, ISSUED BY COMPETENT AUTHORITIES.

续前表

ADDITIONAL CONDITION	47A	+ ALL DOCUMENTS MUST BEAR OUR CREDIT NUMBER. + ALL DOCUMENTS MUST BE IN ENGLISH, UNLESS ORTHERWISE STIPULATED IN THIS CREDIT. +DISCREPANT DOCUMENTS, IF ACCEPTABLE, WILL BE SUBJECT TO A DISCREPANCY HANDLING FEE OF USD 50.00 OR EQUIVALENT WHICH WILL BE FOR ACCOUNT OF BENEFICIARY. +THIS CREDIT IS ISSUED SUBJECT TO 2007 REVISION, I. C. C. PUBLICATION NO. 600
DETAILS OF CHARGES	71B	ALL BANK CHARGES OUTSIDE THE ISSUING BANKS ARE FOR ACCOUNT OF BENEFICIARY.
PRESENTATION PERIOD	48	DOCUMENTS TO BE PRESENTED WITHIN 15 DAYS FROM SHIPMENT DATE
CONFIRMATION INSTRUCTIONS	* 49	WITHOUT
"ADVISE THROUGH" BANK	57D	BANK OF CHINA ANHUI BRANCH (SWIFT CODE: BKCHCNBJ7)
TRAILER		ORDER IS <MAC: > <PAC: > <ENC: > <CHK: > <TNG: > <PDE: > MAC: E55927A4 CHK: 7B505952829A

补充资料：

（1）发票号：ZNA9032。

（2）发票日期：2020-03-28。

（3）包装：60 DOZS/CTN。

（4）体积：0.164 CBM/CTN。

（5）毛重：17 KGS/CTN。

（6）净重：16 KGS/CTN。

（7）装运日期：2020-05-05。

※任务分析※

在实际业务中，单证员一般先缮制商业发票、装箱单，再填制订舱委托书或出口货物明细单，需要特别注意信用证中有关的装运条款。此外，货物装箱规格、毛净重、体积一定要跟工厂确认。

※任务实施※

表 4 - 13　出口货物明细单

<table>
<tr><td colspan="4">出口货物明细单</td><td>发票号</td><td colspan="2">ZNA9032</td><td>日期</td><td>MAR. 28. 2020</td></tr>
<tr><td colspan="2" rowspan="2">经营单位（装船人）</td><td colspan="2" rowspan="2">ANHUI ZNA TOYS IMPORT AND EXPORT CO.，LTD
ROOM 401-2＃，
133 BUILDING，HEFEI，ANHUI，CHINA</td><td>信用证号</td><td colspan="4">4006LC129336</td></tr>
<tr><td>合同号</td><td colspan="4">ZNA20200321</td></tr>
<tr><td rowspan="5">提单或承运收据</td><td rowspan="2">收货人</td><td colspan="2" rowspan="2">TO ORDER</td><td>起运港</td><td colspan="4">SHANGHAI</td></tr>
<tr><td>目的港</td><td colspan="4">NEW YORK</td></tr>
<tr><td rowspan="2">通知人</td><td colspan="2" rowspan="2">TOMMY TOYS COMPANY NO. 901 SUNRISING ROAD NEW YORK，USA</td><td>贸易性质</td><td colspan="2">一般贸易</td><td>结汇方式</td><td>L/C</td></tr>
<tr><td>可否转运</td><td colspan="2">NO</td><td>可否分批</td><td>NO</td></tr>
<tr><td>运费</td><td colspan="2">COLLECT</td><td>装运日期</td><td colspan="2">2020. 05. 05</td><td>有效期限</td><td></td></tr>
<tr><td colspan="2" rowspan="2">标记唛头</td><td rowspan="2">货物规格及货号</td><td rowspan="2">件数
CTN</td><td rowspan="2">数量
DOZ</td><td rowspan="2">毛重
KG</td><td rowspan="2">净重
KG</td><td colspan="2">价格（成交条件）</td></tr>
<tr><td>单价</td><td>金额</td></tr>
<tr><td colspan="2" rowspan="5">N/M</td><td colspan="5"></td><td colspan="2">FOB SHANGHAI</td></tr>
<tr><td>6" ORANGE MINI BEAR CL1009</td><td>100</td><td>6 000</td><td>1 700</td><td>1 600</td><td>$ 2. 66</td><td>$ 15 960. 00</td></tr>
<tr><td>6" RED RABBIT TC 1005</td><td>70</td><td>4 200</td><td>1 200</td><td>1 120</td><td>$ 3. 89</td><td>$ 16 338. 00</td></tr>
<tr><td>TOTAL：</td><td>170</td><td>10 200</td><td>2 890</td><td>2 720</td><td></td><td>$ 32 298. 00</td></tr>
<tr><td></td><td></td><td></td><td colspan="2">总体积</td><td colspan="2">27. 88 CBM</td></tr>
<tr><td colspan="2">运输注意事项</td><td colspan="7">联系人：张丽/0551 - 63426066/13866160244，FAX：0551 - 63426068</td></tr>
</table>

▶ 示范任务 4　出口报检报关

※任务描述※

根据下列销售确认书（如表 4 - 14 所示）、出口货物明细单（如表 4 - 15 所示）及补充资料，填制一份出口货物报关单（如表 4 - 16 所示）。

表 4-14　销售确认书

销售确认书

SALES CONFIRMATION

卖方 SELLER:	ANHUI ZNA TOYS IMPORT AND EXPORT CO., LTD Room 401-2#,133 Building,Hefei,Anhui China	编号 NO.: ZNA20200521 日期 DATE: MAY. 21, 2020
买方 BUYER:	INDUSTRIAS S. A. NO. 901 SUNRISING ROAD NEW YORK, USA	

买卖双方同意以下条款达成交易：

This contract is made by and agreed between the BUYER and SELLER, in accordance with the terms and conditionsstipulated below:

1. 品名及规格 Commodity & Specification	2. 数量 Quantity (DOZS)	3. 单价及价格条款 Unit Price (USD)	4. 金额 Amount (USD)
		FOB SHANGHAI	
8" ORANGE MINI BEAR CL1009	6 000	$2.66	$15 960.00
12" RED RABBIT TC1005	4 500	$3.89	$17 505.00
TOTAL:	10 500		$33 465.00

5. 总值 Total Value	SAY U.S. DOLLARS THIRTY-THREE THOUSAND FOUR HUNDRED AND SIXTY-FIVE ONLY
6. 包装 Packing	CARTON
7. 装运期及运输方式 Time of Shipment & Means of Transportation	NOT LATER THAN JULY 15, 2020
8. 装运港及目的地 Port of Loading & Destination	FROM SHANGHAI, CHINA TO NEW YORK, USA
9. 付款方式 Terms of Payment	30% T/T in advance, the others 70% T/T after Shipment.
10. 备注 Remarks	

The Buyer	The Seller
INDUSTRIAS S. A.	ANHUI ZNA TOYS IMPORT AND EXPORT CO., LTD 法人签章

表 4－15　出口货物明细单

<table>
<tr><td colspan="4">出口货物明细单</td><td>发票号</td><td colspan="2">ZNA9032</td><td>日期</td><td>JUNE 18，2020</td></tr>
<tr><td colspan="2" rowspan="2">经营单位
（装船人）</td><td colspan="2" rowspan="2">ANHUI ZNA TOYS IMPORT AND EXPORT CO.，LTD
Room 401-2＃，133 Building，Hefei，Anhui China
TEL：0086－021－3424015
FAX：0086－051－3424018</td><td>信用证号</td><td colspan="4">258010311636-J</td></tr>
<tr><td>合同号</td><td colspan="4">ZNA20200521</td></tr>
<tr><td rowspan="5">提单或承运收据</td><td rowspan="2">收货人</td><td colspan="2" rowspan="2">TO THE ORDER OF BANCO DECREDITO DEL PERU LIMA-PERU</td><td>起运港</td><td colspan="4">SHANGHAI</td></tr>
<tr><td>目的港</td><td colspan="4">NEW YORK</td></tr>
<tr><td rowspan="2">通知人</td><td colspan="2" rowspan="2">INDUSTRIAS S. A.
NO. 901 SUNRISING ROAD NEW YORK，USA</td><td>贸易性质</td><td colspan="2">一般贸易</td><td>结汇方式</td><td>L/C</td></tr>
<tr><td>可否转运</td><td colspan="2">NO</td><td>可否分批</td><td>NO</td></tr>
<tr><td>运费</td><td colspan="2">FREIGHT PAYABLE AT DESTINATION</td><td>装运日期</td><td colspan="2">2020. 07. 05</td><td>有效期限</td><td></td></tr>
<tr><td colspan="2" rowspan="2">标记唛头</td><td rowspan="2">货物规格及货号</td><td rowspan="2">件数（CTN）</td><td rowspan="2">数量（DOZ）</td><td rowspan="2">毛重（KG）</td><td rowspan="2">净重（KG）</td><td colspan="2">价格（成交条件）</td></tr>
<tr><td>单价</td><td>金额</td></tr>
<tr><td colspan="2" rowspan="5">INDUSTRIAS S. A.
NEW YORK，USA
Qty.：10 500pcs
Cartoon No.：
Made in China</td><td colspan="5"></td><td colspan="2">FOB SHANGHAI</td></tr>
<tr><td>8" ORANGE MINI BEAR CL1009</td><td>65</td><td>6 000</td><td>450</td><td>400</td><td>＄2. 66</td><td>＄15 960. 00</td></tr>
<tr><td>12" RED RABBIT TC 1005</td><td>85</td><td>4 500</td><td>400</td><td>350</td><td>＄3. 89</td><td>＄17 505. 00</td></tr>
<tr><td>TOTAL：</td><td>150</td><td>10 500</td><td>850</td><td>750</td><td></td><td>＄33 465. 00</td></tr>
<tr><td colspan="3"></td><td>总体积：</td><td>24. 6</td><td>CBM</td><td></td></tr>
<tr><td>运输注意事项</td><td colspan="8">联系人：王娟/0551－3424015/13866160244，FAX：0551－3424018</td></tr>
</table>

补充资料：

（1）海关注册编号：3700180200。

（2）运输工具名称：COSCO SHANGHAI V. 056E。

（3）核销单号码：041273756。

（4）装运日期：2020－07－05。

※任务实施※

表 4-16　中华人民共和国海关出口货物报关单

预录入编号：　　海关编号：　　（申报地海关）　　页码/页数：

境内发货人 安徽天南玩具进出口有限公司 3700180200	出境关别 上海口岸 2200		出口日期		申报日期 2020-06-29	备案号	
境外收货人 INDUSTRIAS S. A.	运输方式 水路运输		运输工具名称及航次号 COSCO SHANGHAI V. 056E		提运单号		
生产销售单位	监管方式 一般贸易 0110		征免性质 一般征税 101		许可证号		
合同协议号 ZNA20200521	贸易国（地区）		运抵国（地区） 美国		指运港 纽约		
包装种类 纸箱	件数 150	毛重（千克） 850	净重（千克） 750	成交方式 FOB	运费	保费	杂费
随附单证 随附单证 1：			随附单证 2：				
标记唛码及备注 INDUSTRIAS S. A. NEW YORK，USA Qty：10 500 pcs	Cartoon No.：1-UP Made in China						

项号	商品编号	商品名称及规格型号	数量及单位	单价/总价/币制	原产国（地区）	最终目的国（地区）	境内货源地	征免
1	95030029	毛绒玩具 PLUSH TOYS	10 500 件	3.187 1/33 465.00/USD	中国	美国	浙江	照章

	特殊关系确认：	价格影响确认：	支付特许权使用费确认：	自报自缴：
申报人员 申报单位	申报人员证号	电话	兹申明以上内容承担如实申报、依法纳税之法律责任 申报单位（签章）	海关批注及签章

▶ 示范任务 5　出口保险办理

※任务描述※

根据下列合同（如表 4－17 所示）及补充资料，填制一份投保单（如表 4－18 所示），并出具保险单（如表 4－19 所示）。

表 4－17　销售合同

安徽天龙进出口有限公司
ANHUI TIANLONG IMPORT & EXPORT CO., LTD
Room 702-3#, Huaxia Building, No. 101 Changjiang Road, Hefei, Anhui, China
TEL: +86 551 2774901　FAX: +86 551 2774910
SALES CONTRACT

Buyers: Buana Shipping & Marine Pte Ltd　　Contract No.: TL09080
37 Jurong Port Road Jurong Port J2　　Date: AUG. 15, 2020
Singapore 6201100
Sellers: ANHUI TIANLONG IMPORT & EXPORT CO., LTD

WE CONFIRM HAVING SOLD YOU THE FOLLOWING GOODS ON TERMS AND CONDITIONS SPECIFIED AS BELOW:

Description of Goods	Quantity (PCS)	Unit Price (USD)	Amount (USD)
		CIF SINGAPORE	
CLIP BOARD	1 440	$0.060 0	$86.400 0
ROLL PAPER	33 000	$0.059 5	$1 963.500 0
EXPANDING FILE	600	$0.200 0	$120.000 0
THERMAL PAPER	23 000	$0.095 0	$2 185.000 0
A4 COPY PAPER	6 000	$0.110 0	$660.000 0
TOTAL:	64 040		$5 014.900 0

1. Packing: CARTON
2. Time of Shipment: Before Oct. 30, 2020
3. Port of Lading: NANJING, CHINA　　Port of Destination: SINGAPORE
4. Terms of Payment: 100% L/C AT SIGHT
5. Insurance: Claims if any, payable at destination in the currency of the credit covering all risks and war risk.

THE BUYER:　　THE SELLER:
Buana Shipping & Marine Pte Ltd　　安徽天龙进出口有限公司
ANHUI TIANLONG IMPORT & EXPORT CO., LTD
胡小红

补充资料：

（1）商业发票号码：CI09211TL。

（2）总包装件数：670 箱。

（3）保险公司：中国人民保险公司。

（4）保单号次：GL0908021。

（5）投保加成：10%。

（6）运输工具：DONGFENG V. 203。

（7）出运日期：2020－09－25。

※任务分析※

根据上述资料，安徽天龙进出口有限公司需填写一份投保单，中国人民保险公司根据投保单将出具保险单。该任务需根据背景资料完成投保单和保险单的缮制。

※任务实施※

表 4－18　投保单

<table>
<tr><td colspan="4">海运出口货物投保单</td></tr>
<tr><td colspan="2">（1）保险人
The People's Insurance Company of China</td><td colspan="2">（2）被保险人
ANHUI TIANLONG IMPORT & EXPORT CO.，LTD</td></tr>
<tr><td>（3）标记
N/W</td><td>（4）包装及数量
670 CARTONS</td><td>（5）保险货物项目
OFFICE SUPPLIERS</td><td>（6）保险货物金额
USD 5 510.00</td></tr>
<tr><td colspan="4">（7）总保险金额（大写）
SAY U. S. DOLLARS FIVE THOUSAND FIVE HUNDRED AND TEN ONLY</td></tr>
<tr><td colspan="4">（8）运输工具　（船名）DONGFENG　（航次）V. 203</td></tr>
<tr><td colspan="2">（9）装运港　NANJING</td><td colspan="2">（10）目的港　SINGAPORE</td></tr>
<tr><td colspan="2">（11）投保险别
FOR 110% OF INVOICE VALUE COVERING ALL RISKS AND WAR RISK.</td><td colspan="2">（12）货物起运日期
2020－09－25</td></tr>
<tr><td colspan="2">（13）投保日期
2020－09－21</td><td colspan="2">（14）投保人签字
安徽天龙进出口有限公司
ANHUI TIANLONG IMPORT & EXPORT CO.，LTD
胡小红</td></tr>
</table>

表 4－19　保险单

中国人民保险公司
THE PEOPLE'S INSURANCE COMPANY OF CHINA
总公司设于北京　　一九四九年创立
Head Office：BEIJING　Established in 1949

保险单
INSURANCE POLICY

发票号码　　　　　　　　　　　　　　　　　　保险单号次
Invoice No. CI09211TL　　　　　　　　　　　Policy No. GL0908021

中国人民保险公司（以下简称本公司）
This Police of Insurance witnesses that The People's Insurance Company of China (hereinafter called "The Company")
根据　安徽天龙进出口有限公司　（以下简称被保险人）
at the request of ANHUI TIANLONG IMPORT & EXPORT CO., LTD (hereinafter called the "Insured")
的要求，由被保险人向本公司缴付约定的保险费，按照本保险单承保险别和背面所载条款与下列特款承保下述货物运输保险，特立本保险单。
and in consideration of the agreed premium paying to the Company by the Insured, undertakes to insure the undermentioned Goods in transportation subject to the conditions of this Policy as per Clauses printed overleaf and other special clauses attached hereon.

标记 Marks & Nos.	包装及数量 Quantity	保险货物项目 Description of Goods	保险金额 Amount Insured
N/W	670 CARTONS	OFFICE SUPPLIES	USD 5 510.00

总保险金额：
Total Amount Insured SAY U.S. DOLLARS FIVE THOUSAND FIVE HUNDRED AND TEN ONLY.

保费　　　　　　　　费率　　　　　　　　装载运输工具
Premium as arranged　Rate as arranged　Per conveyance S. S DONGFENG V. 203

开航日期　　　　　　　自　　　　　　　至
Slg. on or abt. AS PER B/L From NANJING To SINGAPORE

承保险别
Conditions
FOR 110% OF THE INVOICE VALUE COVERING ALL RISKS AND WAR RISK AS PER PICC DATE 1/1/1981.

所保货物，如遇出险，本公司凭本保险单及其他有关证件给付赔款。
Claims, if any, payable on, surrender of this Policy together with other relevant documents.
所保货物，如发生本保险单项下负责赔偿的损失事或事故，应立即通知本公司下述代理人查勘。
In the event of accident whereby loss or damage may result in a claim under this policy, immediate notice applying for survey must be given to the company's Agent as mentioned hereunder.

赔款偿付地点
Claim payable at SINGAPORE IN USD
日期
DATE SEP. 23, 2020　　　　　　　　中国人民保险公司
地点　　　　　　　　　　　　　　THE PEOPLE'S INSURANCE
PLACE HEFEI　　　　　　　　　　COMPANY OF CHINA

▶示范任务6　填制出口信用保险相关单据

※任务描述※

合肥致远进出口有限公司与南美洲新客户 ABC CO.，SA 公司签订了一份医疗器械出口合同，合同总金额：USD 100 000.00；付款方式：30% DEPOSIT，THE BALANCE PAYMENT AFTER 30 DAYS BY SHIPMENT。结合业务稳健开展需要及国家出口信用保险政策，致远公司拟准备申请出口信用保险，为尾款收款 USD 70 000.00 办理信保手续。

结合任务描述，根据出口业务稳健开展需要，积极联系所在地出口信用保险公司，咨询相关事项，填写短期出口信用保险综合险投保单和短期出口信用综合险买方信用限额申请表。

※任务分析※

该公司是专门从事进出口贸易的外向型企业，近几年业务发展很快，年出口额已超过 300 万美元，且以自主出口为主；南美洲国家属于高风险市场，尾款 70%在装运后 30 天支付，属于 O/A（账期）30 天的一种变形，具有一定的风险，在出口信用保险承保范围内。

※任务实施※

该公司负责人在签订该份合同订单前，已经详细了解了出口信用保险的相关政策；出口合同签订后，立刻安排业务员小王对接中国出口信用保险公司安徽省分公司，填写短期出口信用保险综合险投保单（如表 4－20 所示）和短期出口信用综合险买方信用限额申请表（如表 4－21 所示），完成短期出口信用保险手续。

表 4－20　短期出口信用保险综合险投保单

一、投保人基本情况

（一）基本信息

<table>
<tr><td colspan="2">公司名称(中文)</td><td>合肥致远进出口有限公司</td></tr>
<tr><td colspan="2">(英文)</td><td>HEFEI ZHIYUAN IMPORT & EXPORT CO.，LTD</td></tr>
<tr><td colspan="3">下列选项 1 和选项 2 内容二选一，非“三证合一”企业请填写选项 1；“三证合一”企业请填写选项 2：</td></tr>
<tr><td rowspan="4">1</td><td>注册地址</td><td></td></tr>
<tr><td>营业地址</td><td></td></tr>
<tr><td>工商注册号</td><td></td></tr>
<tr><td>组织机构代码</td><td></td></tr>
</table>

续前表

<table>
<tr><td rowspan="2">2</td><td>住所</td><td colspan="4">合肥市长江路 1234 号</td></tr>
<tr><td>统一社会信用代码</td><td colspan="4">91340100322758180G</td></tr>
<tr><td colspan="2">海关统计经营单位编码</td><td colspan="4">3401580200</td></tr>
<tr><td colspan="6">主要出口产品所属品类（请在适合的框内打“√”，请单选）：
☑机电产品 □汽车整车 □汽车零部件
□船舶 □高新技术 □轻工 □纺织品 □农产品 □医药保健产品 □钢铁 □其他</td></tr>
<tr><td colspan="2">营业范围</td><td colspan="4">医疗器械产品及服务</td></tr>
<tr><td colspan="2">出口开始年份</td><td colspan="4">2008 年</td></tr>
<tr><td colspan="6">企业类型（请在适合的框内打“√”）</td></tr>
<tr><td colspan="2">国有企业［ ］</td><td colspan="2">民营企业［√］</td><td colspan="2">外资企业［ ］</td></tr>
<tr><td colspan="6">经营性质（请在适合的框内打“√”）</td></tr>
<tr><td colspan="2">贸易公司［√］</td><td colspan="2">贸易代理［ ］</td><td colspan="2">生产性企业［ ］</td></tr>
<tr><td colspan="6">是否上市公司（请在适合的框内打“√”）</td></tr>
<tr><td colspan="3">是［ ］</td><td colspan="3">否［√］</td></tr>
</table>

（二）联系方式

1. 公司基本联系方式

电话	0551－62832168	传真	0551－62832168	邮编	230001
经营地址	合肥市长江路 1234 号				
电子信箱	75214892@ qq. com				

2. 法定代表人联系方式

姓名	罗宾	职务	总经理	电话	0551－62832170

3. 委托代理人联系方式

姓名	王明	职务	销售经理	电话	0551－62832168
电子信箱	727444674@qq. com				

4. 主要联系人联系方式

姓名	王明	职务	销售经理	电话	0551－62832168
电子信箱	727444674@qq. com				

二、出口情况

（一）近年出口情况分析

年份	出口总额（万美元）
近 12 个月累计出口额	150
2019 年	120
2018 年	100
2017 年	80

投保年度预计出口额：USD 2 000. 000. 00

续前表

（二）过去3年中超过5万美元逾期未收汇情况的细节

是否有上述未收汇情况：□有 ☑无（如选择“有”，请填写以下内容：）

年份	国家	债务人名称/地址	最终损失金额（万美元）	损失原因［请填写损失原因代码］
年				
年				
年				
年				
年				
年				
年				
年				
年				
年				

损失原因代码：A=破产，B=拖欠，C=拒绝受领货物，D=贸易纠纷，E=政治风险。

注：

1. 如地方不够可另加页。
2. 可以近期向外汇管理局报送的逾期未收汇报表复印件代替此表。

三、买方信息

主要买方清单：

序号	买方名称（英文大写）	出口金额（万美元）	交易历史及累计交易金额			拖欠历史
			年	金额（万美元）	次数	总金额（美元）
1	ABC CO.，LTD	50	2019		0	
2	ALEX CO.，LTD	30	2019		0	
3	ROBIN CONTRO LCO.,LTD	20	2019		0	

四、对争议解决方式的选择（请在下述［ ］内打“√”选一）

仲裁	在北京仲裁委员会仲裁［√］
诉讼	在被告所在地诉讼 ［ ］

五、随本投保单所附资料清单：（另附）

六、其他需要说明事项（被保险人如有特殊要求，可在此填写）：

续前表

七、声明与保证事项：

（一）我公司郑重声明已经详读短期出口信用保险中小企业综合保险条款 2.0 版，对上述保险条款，尤其是涉及免除或限制保险人责任部分的条款内容，中国出口信用保险公司已向我公司进行了明确的提示和说明，我公司也已经充分理解并无异议，并在此基础上填写本投保单。

（二）我公司保证作为贸易的实际当事方，上述投保范围内签订的销售合同真实、合法、有效。

（三）我公司保证未经中国出口信用保险公司书面同意，不向除我公司开户银行以外的任何机构、买方或其他人披露本保险关系的存在或其他内容。

（四）我公司保证按照短期出口信用保险中小企业综合保险单 2.0 版的规定全面履行被保险人的义务。

（五）我公司保证本投保单中所填写的内容均是真实的，无隐瞒任何与本保险有关的重要情况，并同意以此作为贵公司承担保险责任的先决条件。

投保单位盖章（盖章）

法定代表人：罗宾
签字人职务：
签　　字：罗宾（请用正楷填写）
签 字 日 期：2020 年 3 月 1 日

表 4－21　短期出口信用综合险买方信用限额申请表

＊适用于非信用证支付方式＊

<table>
<tr><td>＊保险单号：系统申请自动生成</td><td>买方基础信息</td><td>买方代码：</td></tr>
<tr><td>＊被保险人名称：HEFEI ZHIYUAN IMPORT & EXPORT CO.，LTD</td><td colspan="2" rowspan="3">＊买方国家：巴拿马
城市：巴拿马城
＊名称：ABC CO.，SA
＊地址：NO. 001，SOFIA ROAD，PANAMA CITY，PANAMA
注册号：
＊电话：005077654321　　传真：</td></tr>
<tr><td>申请限额：USD 70 000.00
＊金额 USD 70 000.00
＊信用期限 30 天</td></tr>
<tr><td rowspan="3">销售合同情况：
＊合同支付方式：☑O/A D/P □L/C
＊当前在手订单金额：USD 100 000.00
＊当前应收账款余额：USD 70 000.00
＊出口商品名称：ABC CO.，LTD
<table>
<tr><td>☑家电产品</td><td>□光伏产品</td></tr>
<tr><td>□摩托车</td><td>□纺织成品</td></tr>
<tr><td>□医药保健品</td><td>□农产品</td></tr>
<tr><td>□钢铁</td><td>□燃料油</td></tr>
<tr><td>□家具</td><td>□鞋靴</td></tr>
<tr><td>□汽车零部件</td><td>□工程机械及其零部件</td></tr>
<tr><td>□农药</td><td>□化肥</td></tr>
<tr><td>□其他通信产品</td><td>□船舶及修理</td></tr>
<tr><td>□电脑</td><td>□印刷电路板及原材料</td></tr>
<tr><td>□陶瓷</td><td>□玩具</td></tr>
</table></td><td colspan="2">是否存在担保：□是 □否
买方指定担保人：
担保人代码：
担保人名称：
担保人国家：
担保人地址：
注册号：
电话：
传真：</td></tr>
<tr><td colspan="2">历史交易情况：
＊是否有过历史交易：☑是 □否（如是，则如下为必填）
＊交易历史情况：
1. 最早成交年份：2017 年
2. 开始放账年份：2019 年
3. 近三年交易情况</td></tr>
</table>

续前表

□汽车整车或成套散件	□手机及电话
□纺织原料及半成品	□其他基本金属及贵金属
□皮革	□其他

贸易术语（选填）：
□EXW□FCA□FAS☑FOB□CFR□CIF□CPT□CIP□DAF□DES□DEQ□DDU□DDP□其他________

成交年份	结算方式	成交金额
年	□L/C□D/P□O/A	USD ____
年	□L/C□D/P□O/A	USD ____
年	□L/C□D/P□O/A	USD ____

4. 买方当前付款表现：
□应付款日内（含）USD ____________
□应付款日后 30 天以内 USD __________
□应付款日后 31～60 天 USD __________
□应付款日 60 天以上 USD ____________
5. 逾期原因：□拒收□拖欠□破产□政治风险□其他________
（如应付款日后 60 天以上金额>0，则逾期原因为必填项）

在本信用限额项下是否有贸易融资需求：
* 是　　　　　否√

其他说明

以下由保险人填写	投保企业声明
保险人收到时间	1. 待与保险人签订正式保单后，将按保单条款规定履行被保险人的各项义务，本预批信用限额申请表成为保单的组成部分。
保险人登记号	2. 投保企业知悉，上述询问内容构成保险人决定是否同意承保的基础，投保企业填写内容的真实性、完整性是保险人承担赔偿责任的前提条件之一，投保企业应如实告知。如果投保企业未如实告知，保险人有权解除与其签署的正式保单，或者解除与投保企业未如实告知涉及的信用限额相关的保险合同部分，并拒绝承担赔偿责任，且不退还已收保险费。 （盖章）　　　　　　　　　年　月　日

合肥致远进出口有限公司业务员小王登录中国出口信用保险公司官方网站（http://www.sinosure.com.cn/），完成网上系统申报，如图 4-1 所示。

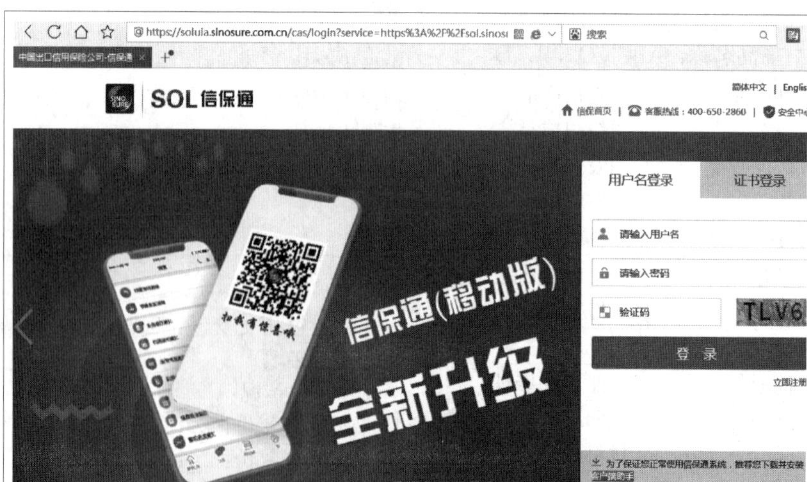

图 4-1　中国出口信用保险公司官方网站

▶示范任务 7 出口结汇单据缮制

请根据以下销售合同（如表 4－22 所示）、信用证（如表 4－23 所示）和补充资料，完成出口结汇相关单据（如表 4－24 至表 4－30 所示）的缮制。

表 4－22 销售合同

安徽灯具外贸进出口公司
ANHUI LAMP FOREIGN TRADE I/E CORP.
18 TIANMUSHAN ROAD，HEFEI，CHINA
SALES CONTRACT

TEL：0551－87598462　　SIC NO.：ZJ200410
FAX：0551－87598410　　DATE：APRIL 10，2020
SELLER：ANHUI LAMP FOREIGN TRADE I/E CORP.
18 TIANMUSHAN ROAD，HEIFEI，CHINA
BUYER：S. N INTERNATIONAL TRADE CO.
500044 N W 21 STREET
SAN FRANCISCO FL. 33142，U. S. A.
DEAR SIRS：

WE HEREBY CONFIRM HAVING SOLD YOU THE FOLLOWING GOODS ON TERMS AND CONDITIONS AS SPECIFIED BELOW：

MARKS & NO.	DESCRIPTIONS OF GODDS	QUANTITY	UNIT…	AMOUNT
			CIF SAN FRANSICO	
S. N MADE IN CHINA ART. NO. JBTO 2	DESK LAMP	1 216 PCS	USD 20. 50	USD 24 928. 00

PACKING：304 CARTONS
LOADING PORT：NINGBO
DESTINATION：SAN FRANCISCO
PARTIAL SHIPMENT：ALLOWED
TRANSHIPMENT：ALLOWED
PAYMENT：BY L/C AT SIGHT
INSURANCE：FOR 110 PERCENT OF THE INVOICE VALUE COVERING FPA
TIME OF SHIPMENT：LATEST DATE OF SHIPMENT 2020601

THE BUYER　　THE SELLER
S. N IN TERNATLONAL TRADECO.　　安徽灯具外贸进出口公司
JAMES　　卫凡

表 4－23 信用证

SEQUENCE OF TOTAL	*27：1/1
FORM OF DOC，CREDIT	*40A：IRREVOCABLE
DOC. CREDIT NUMBER	*20：NBS-04003489
DATE OF ISSUE	31C：2020426
DATE AND PLACE OF EXPIRY	*31D：DATE 2020630 IN CHINA
APPLICANT	*50：S. N INTERNATIONAL TRADE CO. 500044 N W 21 STREET SAN FRANCISCO FL. 33142，U. S. A

续前表

ISSUING BANK	52A：CHINA BANK SANFRANCISCO KF. 888，U. S. A
BENEFICIARY	* 59：ANHUI LAMP FOREIGN TRADE I/E CORP. 18 TIANMUSHAN ROAD，HEFEI，CHINA
AMOUNT	* 32B：CURRENCY USD AMOUNT 24 928.00
AVAITABLE WITH / BY	* 41D：BANK OF CHINA，HEFEI BRANCH
DRAFTS AT...	42C：DRAFTS AT SIGHT FOR FULL INVOICE COST
PARTIAL SHIPMENTS	43P：ALLOWED
TRANSSHIPMENT	43T：ALLOWED
PORT OF LOADING	44E：NINGBO PORT
FORTRANSPORTATION TO...	44B：SAN FRANCISCO PORT
LATEST DATE OF SHIPMENT	44C：2020601
DESCRIPT. OF GOODS	45A：DESK LAMP AS PER S/C NO. ZJ200410
DOCUMENTS REQUIRED	46A： +SIGNED COMMERCIAL INVOICE，2 ORIGINAL AND 4 COPIES. +PACKING LIST，1 ORIGINAL AND 4 COPIES. +CERTIFICATE OF ORIGIN ISSUED BY THE CHAMBER OF COMMERCE OR OTHER AUTHORITY DULY ENTITLED FOR THIS PURPOSE. +FULL SET OF NEGOTIABLE INSURANCE POLICY OR CERTIFICATE BLANK ENDORSED FOR 110 PERCENT OF THE INVOICE VALUE COVERING FPA. +FULL SET OF B/L（3 ORIGINAL AND 5 COPIES）CLEAN ON BOARD，MADE OUT TO ORDER OF SHIPPER AND BLANK ENDORSED AND MARKED "FREIGHT PREPAID" AND NOTIFY APPLICANT. +QUALITY CERTIFICATE IS TO BE EFFECTED BEFORE SHIPMENT AND IS REQUIRED FROM THE INSPECTING AGENCY DESTGNATED BY THE BUYER.
CHARGES	71B：ALL BANKING CHARGES OUTSIDE U. S. A ARE FOR ACCOUNT OF BENEFICIARY.
PERIOD FOR PRESENTATION	48：DOCUMENTS MUST BE PRESENTED WITHIN 15 DAYS AFTER THE DATE OF SHIPMENT BUT WITHIN THE VALIDITY OF THE CREDIT.

补充资料：

（1）发票号码：9394029；发票日期：2020－5－10。

（2）包装要求：

毛重：2 KGS/CTN，608 KGS；

净重：1.6 KGS/CTN，486.4 KGS；

包装箱尺寸：0.5 CBM/CTN，152 CBM；

包装方式：PACKED IN 1 CARTON OF 4 PCS EACH 1 WOODEN CASE OF 8 CTNS EACH. 3 * SIZE 40 CONTAINER（MSCU1564261，MSCU1564262，MSCU1564263），TARE4000。

（3）海关编码：94052000。

（4）一般原产地证编号：09235855。

（5）运费：4.1%。

（6）保险金额：USD 1 000。

（7）提单编码：COCS08795821。

（8）提单日期：2020－5－25。

（9）船名：东风 V. 5615W。

（10）经营单位编号：3302012546。

（11）报检单位号：3100704903。

（12）核销单位号：2020H046850。

（13）保单号码：JZ01/0456980。

（14）报检单编号：31010020850277E。

（15）随附单据：出口货物通关单（5328976457）。

（16）宁波海关关区代码：3101。

※任务描述※

根据上述销售合同、信用证和补充资料，缮制汇票、商业发票、装箱单、海运提单、一般原产地证、受益人证明和船公司证明。

※任务分析※

根据基础知识中汇票、商业发票、装箱单、海运提单、一般原产地证、受益人证明和船公司证明的缮制说明，掌握每个单据的缮制方法，看懂背景资料，依据背景资料一一缮制。

※任务实施※

1. 汇票

表 4-24 汇票

No. 9394029
For USD 24 928.00 JUNE 03, 2020

BILL OF EXCHANGE

At **** sight of this SECOND BILL OF EXCHANGE (first of the same tenor and date unpaid) pay to the order BANK OF CHINA HEFEI BRANCH the sum of SAY US DOLLARS TWENTY-FOUR THOUSAND NINE HUNDRED AND TWENTY-EIGHY ONLY.

Drawn under CHINA BANK
L/C NO. NBS-04003489
TO CHINA BANK
SAN FRANCISCO KF. 888, U. S. A.

ANHUI LAMP FOREIGN TRADE I/E CORP.
WEIFAN

2. 商业发票

表 4-25 商业发票

安徽灯具外贸进出口公司
ANHUI LAMP FOREIGN TRADE I/E CORP.
18 TIANMUSHAN ROAD, HEFEI, CHINA
COMMERCIAL INVOICE

TEL: 0551-87598462 INV. NO.: 9394029
FAX: 0551-87598410 DATE: MAY 10, 2020
S/C NO.: ZJ200410
L/C NO.: NBS-04003489

TO: S. N INTERNATIONAL TRADE CO.
500044 N W 21 STREET
SAN FRANCISCO FL. 33142, U. S. A.
FROM: NINGBO TO SAN FRANCISCO

MARKS & NOS.	DESCRIPTIONS OF GOODS	QUANTITY	UNIT PRICE	AMOUNT
			CIF SAN FRANCISCO	
S. N MADE IN CHINA ART. NO. JBTO2	DESK LAMP PACKING: 304 CARTONS/ 38 WOODEN CASES	1 216 PCS	USD 20.50	USD 24 928.00

TOTAL AMOUNT: SAY U. S. DOLLARS TWENTY-FOUR THOUSAND NINE HUNDRED AND TWENTY-EIGHT ONLY.

ANHUI LAMP FOREIGN TRADE I/E CORP.
(卫凡)

3. 装箱单

表 4-26　装箱单

安徽灯具外贸进出口公司
ANHUI LAMP FOREIGN TRADE I/E CORP.
18 TIANMUSHAN ROAD, HEFEI, CHINA
PACKING LIST

TEL: 0551-87598462　　INV. NO.: 9394029
FAX: 0551-87598410　　DATE: MAY 10, 2020
S/C NO.: ZJ200410

TO: S. N INTERNATIONAL TRADE CO.
500044 N W 21 STREET
SAN FRANCISCO FL. 33142, U. S. A.

Marks & Nos.:
S. N
MADE IN CHINA

GOODS DESCRIPTION&PACKING	QTY	G. W	N. W	MEAS
DESK LAMP ART. NO. JBTO2 PACKING: 1 CARTON OF 4 PCS EACH 1 WOODEN OF 8 CARTONS EACH TOTAL: 304 CARTONS/38 WOODEN CASES	1 216 PCS	608 KGS	486.4 KGS	152 CBM
TOTAL	1 216 PCS	608 KGS	486.4 KGS	152 CBM

PACKING IN 38 WOODEN CASES
TOTAL GROSS WEIGHT 608 KGS
TOTAL NET WEIGHT 486.4 KGS
SAY THIRTY EIGHT-WOODEN CASES ONLY

ANHUI LAMP FOREIGN TRADE I/E CORP.
卫凡

4. 海运提单

表 4-27　海运提单

1. Shipper (Insert Name, Address and Phone) ANHUI LAMP FOREIGN TRADE I/E CORP. 18 TIANMUSHAN ROAD, HEFEI, CHINA, 0551-87598462	B/L No. COCS08795821 中远集装箱运输有限公司 COSCO CONTAINER LINES TLX: 33057 COSCO CN FAX: +86 (021) 6545 8984 ORIGINAL
2. Consignee (Insert Name, Address and Phone) TO ORDER OF SHIPPER	

续前表

<table>
<tr><td colspan="4">3. Notify Party (Insert Name, Address and Phone)
(It is agreed that no responsibility shall attach to the Carrier or his agents for failure to notify)
S. N INTERNATIONAL TRADE CO.
500044 N W 21 STREET
SAN FRANCISCO FL. 33142, U. S. A.</td><td rowspan="6">Port-to-Port or Combined Transport
BILL OF LADING
RECEIVED in external apparent good order and condition except as otherwise noted. The total number of packages or unites stuffed in the container, the description of the goods and the weights shown in this Bill of Lading are furnished by the Merchants, and which the carrier has no reasonable means of checking and is not a part of this Bill of Lading contract. The carrier has issued the number of Bills of Lading stated below, all of this tenor and date. One of the original Bills of Lading must be surrendered and endorsed or signed against the delivery of the shipment and whereupon any other original Bills of Lading shall be void. The Merchants agree to be bound by the terms and conditions of this Bill of Lading as if each had personally signed this Bill of Lading.
SEE clause 4 on the back of this Bill of Lading (Terms continued on the back hereof, please read carefully).
* Applicable Only When Document Used as a Combined Transport Bill of Lading.</td></tr>
<tr><td colspan="2">4. Combined Transport*</td><td colspan="2">5. Combined Transport*</td></tr>
<tr><td>Pre-carriage by</td><td></td><td>Place of Receipt</td><td></td></tr>
<tr><td colspan="2">6. Ocean Vessel Voy. No.
DONGFENG
V. 5615W</td><td colspan="2">7. Port of Loading
NINGBO</td></tr>
<tr><td colspan="2" rowspan="2">8. Port of Discharge
SAN FRANCISCO</td><td colspan="2">9. Combined Transport*</td></tr>
<tr><td>Place of Delivery</td><td></td></tr>
</table>

<table>
<tr><td>Marks & Nos. Container/Seal No.</td><td>No. of Containers or Packages</td><td>Description of Goods (If Dangerous Goods, See Clause 20)</td><td>Gross Weight Kgs</td><td>Measurement</td></tr>
<tr><td rowspan="2">S. N
MADE
IN CHINA</td><td rowspan="2">SAY THERE HUNDRED AND FOUR CARTONS ONLY/THIRTY-EIGHT WOODEN CASES ONLY
TOTAL THREE 40′ CONTAINER CY TO CY FREIGHT PREPAID</td><td>DESK LAMP</td><td>608 KGS</td><td>152 CBM</td></tr>
<tr><td colspan="3">Description of Contents for Shipper's Use Only (Not Part of This B/L Contract)</td></tr>
<tr><td colspan="5">10. Total Number of containers and/or packages (in words)</td></tr>
<tr><td colspan="2">Subject to Clause 7 Limitation</td><td colspan="3">SAY THERE HUNDRED AND FOUR CARTONS ONLY/THIRTY-EIGHT WOODEN CASES ONLY
TOTAL THREE 40′ CONTAINER</td></tr>
</table>

续前表

<table>
<tr><td colspan="2">11. Freight & Charges
Declared Value Charge
PREPAID</td><td>Revenue Tons</td><td>Rate</td><td>Per</td><td>Prepaid</td><td>Collect</td></tr>
<tr><td rowspan="2">Ex. Rate</td><td>Prepaid at</td><td colspan="2">Payable at</td><td colspan="3">Place and date of issue
NINGBO MAY 25，2020</td></tr>
<tr><td>Total Prepaid</td><td colspan="2">No. of Original B（s）/L
THREE</td><td colspan="3">Signed for the Carrier
COSCO CONTAINER LINES</td></tr>
<tr><td colspan="7">LADEN ON BOARD THE VESSEL</td></tr>
<tr><td colspan="2">DATE</td><td colspan="2"></td><td>BY</td><td colspan="2"></td></tr>
</table>

5．一般原产地证

表 4-28 一般原产地证

<table>
<tr><td colspan="3">1. Exporter
ANHUI LAMP FOREIGN TRADE I/E CORP.
18 TIANMUSHAN ROAD, HEFEI, CHINA</td><td colspan="2" rowspan="2">CERTIFICATE NO. 09235855

CERTIFICATE OF ORIGIN
OF
THE PEOPLE'S REPUBLIC OF CHINA</td></tr>
<tr><td colspan="3">2. Consignee (Full name, Address, Country)
S. N INTERNATIONAL TRADE CO.
500044 N W 21 STREET
SAN FRANCISCO FL. 33142，U. S. A.</td></tr>
<tr><td colspan="3">3. Means of transport and route
FROM NINGBO TO SAN FRANCISCO PORT BY SEA</td><td colspan="2" rowspan="2">5. For certifying authority use only</td></tr>
<tr><td colspan="3">4. Country/region of destination
SAN FRANCISCO USA</td></tr>
<tr><td>6. Marks and Nos.</td><td>7. Description of goods; number and kind of packages</td><td>8. H. S. Code</td><td>9. Quantity or weight</td><td>10. Number and date of invoices</td></tr>
<tr><td>S. N
MADE IN CHINA
ART. NO. JBTO2</td><td>DESK LAMP
THREE HUNDRED AND FOUR (304) CARTONS ONLY/THIRTY-EIGHT (38) WOODEN CASES ONLY
***********************</td><td>94052000</td><td>G. W
608 KGS</td><td>9394029
MAY 10，2020</td></tr>
<tr><td colspan="2">11. Declaration by the Exporter
The undersigned hereby declares that the above details and statements are correct; that all the goods were produced in China and that they comply with the Rules of Origin of the People's Republic of China.</td><td colspan="3">12. Certification
It is hereby certified that the declaration by the exporter is correct.</td></tr>
<tr><td colspan="2">Place and date, signature and stamp of certifying authority

安徽灯具外贸进出口公司
卫凡
HEFEI MAY 20, 2020</td><td colspan="3">Place and date, signature and stamp of certifying authority</td></tr>
</table>

6. 受益人证明和船公司证明

表 4－29 受益人证明

BENEFICIARY'S CERTIFICATE

L/C NO.：NBS-04003489　　DATE：NOV. 1 2020
GOODS：DESK LAMP　　INVOICE NO.：9394029
TO WHOW IT MAY CONCERN：

WE, AS BENEFICIARY, CERTIFY THAT WE HAVE FORWARDED ONE FULL SET OF NON-NEGOTIABLE SHIPPING DOCUMENTS TO THE APPLICANT IMMEDIATELY AFTER SHIPMENT.

ANHUI LAMP FOREIGN TRADE I/E CORP.
×××

表 4－30 船公司证明

SHIPPING COMPANY'S CERTIFICATE
NINGBO

TO WHOW IT MAY CONCERN：

THIS IS TO CERTIFY THAT

1. DONGFENG 5615W IS ALLOWED BY USA AUTHORITIES TO CALL AT USA PORTS AND IS NOT SCHEDULED TO CALL AT ANY CANADA PORT DURING ITS VOYAGE TO USA.
2. THE AGE OF THIS STEAMER IS NOT OLDER THAN 15 YEARS.

SIGNATURE
（船公司/代理签字）

拓展知识

我国的出口信用保险是世界贸易组织（WTO）框架内允许的对外贸易促进政策，与出口退税、出口信贷合称“三大贸易促进政策”，致力于保障收汇安全，助推对外贸易持续、稳步增长，共同为我国对外贸易保驾护航，走高质量发展的大国贸易之路。

出口企业借助出口信用保险平台，可以精准获取国外买家及其所在国家的风险信息和评估建议，有选择地与资信好、政策稳、实力强的交易对象开展合作，避免因消息闭塞、盲目成交而带来收汇风险，造成经济损失等；可以与出口信用保险平台联动，形成合力，丰富贸易结算方式，提升综合竞争力，增加贸易机会；可以获得损失补偿，避免呆账、坏账累积，保持企业稳健经营；可以提升信用等级水平，获得保单质押贸易融资便利，拓宽融资渠道；可以建立健全企业自身风险管控机制，持续化解不可控的风险，提升抗风险能力等。

（一）短期出口信用保险（小微企业适用）

(1) 短期出口信用保险是指保障信用期在一年以内的出口收汇风险，主要适用于出口企业从事以信用证（L/C）、付款交单（D/P）、承兑交单（D/A）、赊销（O/A）以及灵活多变的后T/T、担保发货等结算方式从中国关境内出口或转口外贸业务。

(2) 短期出口信用保险可以承保：1) 商业风险，包括买方破产或无力偿付债务，买方拖欠货款，买方拒绝接收货物，开证行破产、停业或被接管，单证相符、单单相符时开证行拖欠或在远期信用证项下拒绝承兑。2) 政治风险，包括买方或开证行所在国、地区禁止或限制买方或开证行向被保险人支付货款或信用证款项，禁止买方购买的货物进口或撤销已颁布发给买方的进口许可证，发生战争、内战或暴动导致买方无法履行合同或开证行不能履行信用证项下的付款义务，买方支付货款须经的第三国颁布延期付款令。

(3) 短期出口信用保险对因商业风险和政治风险造成损失的最高赔付比例均为90%。我国各省还颁布了适用于当地的外贸促进政策，如对于上年度出口额在300万美元以上的出口企业投保短期出口信用保险的，企业所在地的市、区（县）将给予一定扶持，相关保险费用将给予一定的补贴退还；对于上年度出口额在300万美元以下的小微企业投保短期出口信用保险的，则不需要企业缴纳费用，相关保费由地方政府直接拨付给所在地承保公司，出口企业仅仅需要对接办理相关投保流程即可，“轻装上阵”参与国际市场竞争。

（二）中长期出口信用保险

(1) 中长期出口信用保险主要是为了鼓励我国出口企业积极参与国际竞争，特别是高科技、高附加值的机电产品和成套设备等资本性货物的出口以及海外工程承包项目，支持银行等金融机构为出口贸易提供信贷融资，包括买方信贷保险和卖方信贷保险。

(2) 买方信贷保险是指在买方信贷融资方式下，出口信用机构（Export Credit Agency，ECA）向贷款银行提供还款风险保障的一种政策性保险产品。在买方信贷保险中，贷款银行是被保险人，投保人可以是出口商或贷款银行。

(3) 买方信贷保险对被保险人（贷款银行）按贷款协议的规定履行了义务后，由于下列商业或政治事件导致借款人未能履行其在贷款协议项下的还本付息义务，且担保人未能履行其在担保合同项下的担保义务而引起的直接损失，保险人根据保单规定，承担赔付责任：

其中，商业事件包括：

1）借款人被迫宣告破产、倒闭或解散的。

2）借款人拖欠贷款协议项下应付的本金或利息。

政治事件包括：

1）借款人所在国或地区政府或其在贷款协议项下还款必须经过的第三国或地区政府颁布法律、法令、命令、条例或采取的行政磋商，禁止或限制借款人以贷款协议约定的货币或其他自由兑换的货币向被保险人偿还贷款。

2）借款人所在国或地区政府或其在贷款协议项下还款必须经过的第三国或地区政府颁布延期付款命令。

3）借款人所在国或地区发生战争、革命、暴乱。

4）借款人所在国或地区发生恐怖主义行动或与之相关的破坏活动。

5）保险人认定的其他政治事件。

（4）出口卖方信贷保险是指在卖方信贷融资方式下，出口信用机构向出口方提供的用于保障出口商收汇风险的一种政策性保险产品，对商业风险或政治风险引起的出口商在商务合同项下应收的延付款损失承担赔偿责任。

对于被保险人（出口商）在保险单明细表中列明的商务合同项下由下列事件引起的直接损失，保险人按保险单规定承担赔偿责任：

1）进口商及其担保人破产、倒闭、解散。

2）进口商违反商务合同项下对被保险人的付款义务，且进口商的担保人也未履行担保合同项下的担保义务。

3）进口商违反商务合同的规定，致使商务合同提前终止或无法履行。

4）进口商所在国政府颁布法律、法令、命令或采取行政措施，禁止或限制进口商以商务合同约定的货币或其他自由兑换的货币履行商务合同项下对被保险人的付款义务。

5）进口商所在国、项目所在国货进口商付款须经过的第三国颁布延期付款令。

6）进口商所在国货项目所在国颁布法律、法令、命令或采取行政措施（包括撤销或不予延展进口许可证），致使商务合同部分或全部无法履行。

7）进口商所在国或项目所在国发生战争、敌对行动、内战、叛乱、革命、暴动等，致使商务合同部分或全部无法履行。

项目实训

实训任务1　缮制国内购销合同

※实训材料※

安徽瑞祥进出口有限公司的业务员张媛媛（Sharon）与秘鲁 Gotcha! Promotional Support 公司的 Katharine Durst 于 2020 年 4 月 20 日就安全背心达成交易，并签署销售合同（如表 4-31 所示）。随后，张媛媛向浙江磐安县蓝星制衣厂采购安全背心，并签订了购销合同。请根据下列销售合同和补充资料，缮制一份购销合同（如表 4-32 所示）。

表 4-31　销售合同

安徽瑞祥进出口有限公司
ANHUI RUIXIANG IMPORT & EXPORT CO., LTD
Room 301-3#, 133 Building, Wuhu, Anhui, China
TEL: 0086-553-6336868　FAX: 0086-553-6336586
销售合同
SALES CONTRACT

买方
Buyers: Gotcha! Promotional Support
卖方：安徽瑞祥进出口有限公司
Sellers: ANHUI RUIXIANG IMPORT & EXPORT CO., LTD

合同号码
Contract No.: RX20200420
日期
Date: APR. 20, 2020

兹确认售予买方下列货物，其成交条款如下：
WE CONFIRM HAVING SOLD YOU THE FOLLOWING GOODS ON TERMS AND CONDITIONS SPECIFIED AS BELOW:

货名及规格	数量	单价	总值
Description of Goods	Quantity (PCS)	Unit Price (USD)	Amount (USD)
		FOB SHANGHAI	
Safety Vest	288 000	$0.30	$86 400.00
TOTAL:	288 000		$86 400.00

1. 包装
Packing: CARTON
2. 装运期限
Time of Shipment: Within 30 days after placed order
3. 装运港口
Port of Lading: SHANGHAI, CHINA
交货港口
Port of Destination: Rotterdam, Netherlands
4. 付款条件
Terms of Payment: 30% deposit, the balance to be paid after receipt the copy of B/L

BUYER:
Gotcha! Promotional Support
Katharine Durst

SELLER:
安徽瑞祥进出口有限公司
ANHUI RUIXIANG IMPORT & EXPORT CO., LTD
李明

补充资料：

（1）供货方名称：浙江磐安县蓝星制衣厂；联系人：章贝贝；电话：0579－84888278；传真：0579－84888277。

（2）合同编号：RXLX20110420；签订日期：2020－04－20。

（3）包装：48件/箱。

（4）单价：￥2.0456/件。

（5）结算方式：100％凭增值税发票付款。

※操作完成※

表4－32 购销合同

安徽瑞祥进出口有限公司

购销合同

供货方：　　　　　　　　　　　　　　　　　　合同编号：

联系人：　　　　　　　　　　　　　　　　　　签订日期：

电　话：　　　　　　　　　　　　　　　　　　传　　真：

一、品名、规格、数量、金额

产品描述	总数量（件）	包装（箱）	单价	总金额
Total：				

二、产品质量

必须按照我司的要求或者与打样一致。

三、交（提）货日期

年　　月　　日货送至购货方指定仓库。

四、交（提）货地点、方式、运输方式及费用

（1）供货方交货至购货方指定的仓库，费用由供货方负担。

（2）进仓前务必书面通知准确的包装明细单。

五、包装要求及费用

标签、纸卡、彩盒、彩套、说明书、质保书等由供货方按照中性包装提供，并由购货方确认。费用供货方负担。对于购货方提供的包装及其资料，供货方不得提供给任何其他单位和个人，否则由此引起的一切后果由供货方负责。

六、唛头

无。

七、质量检验及验收办法

（1）供货方所交付的成品必须经购货方或商品检验机构验收合格方可进仓。

（2）如果产品属法定商检之列，则供货方须在进仓前三天提供商检放行单或换证凭单至购货方所在办公地点。

八、结算方式及期限

九、违约责任

供方应按合同规定，按时、按质、按量交货，如因供货方交付的成品货物不符合合同要求，或产品性能存在缺陷，引起退货，索赔造成的损失和相关费用，由供货方承担。

续前表

十、不可抗力

如供需双方由于人力不可抗拒和确非企业本身造成的原因，导致合同不能履行，经双方协商和鉴证机关查实，可免于承担经济责任。

十一、其他未尽事宜

双方协商或另订协议解决。

供货方：	购　货　方：
	电　　话：
	传　　真：
	联　系　人：
日　期：	日　　期：

▶ 实训任务 2　审证和改证

※实训材料※

请根据以下所给的销售确认书（如表 4-33 所示），指出信用证（如表 4-34 所示）的错误并改正，同时拟写一封改证函。

表 4-33　销售确认书

中国国际纺织品进出口公司江苏分公司

CHINA INTERNATIONAL TEXTILES I/E CORP. JIANGSU BRANCH

20 RANJIANG ROAD，NANJING，JIANGSU，CHINA

NO.：CNT0220　　DATE：MAY 10，2020

SALES CONFIRMATION

TO：TAI HING LOONG SDN，BHD，KUALA LUMPUR

P. O. B. 666，KUALA LUMPUR，MALAYSIA

TEL：060-3-74236211 FAX：060-3-74236212

THE UNDERSIGNED SELLERS AND BUYERS HAVE AGREED TO CLOSE THE FOLLOWING TRANSACTION ACCORDING TO THE TERMS AND CONDITIONS STIPULATED BELOW：

DESCRIPTION OF GOODS	QUANTITY	UNIT PRICE	AMOUNT
CIF SINGAPORE			
100% COTON GREY LAWN	300 000 YARDS	HKD 3.00/YARD	HKD 900 000.00

SHIPMENT：DURING JUNE/JULY，2020. FROM CHINA TO MALAYSIA.
PARTIAL SHIPMENT AND TRANSSHIPMENT ARE PROHIBITED.

PAYMENT：IRREVOCABLE SIGHT L/C，VALID FOR NEGOTIATION IN CHINA UNTIL THE 15TH DAY AFTER THE MONTH OF SHIPMENT.

INSURANCE：TO BE EFFECTED BY SELLERS COVERING WPA AND WAR RISKS FOR 110% OF THE INVOICE VALUE.

THE BUYER	THE SELLER
TAI HING LOONG SDN，BHD， KUALA LUMPUR ×××	中国国际纺织品进出口公司江苏分公司 CHINA INTERNATIONAL TEXTILES I/E CORP. JIANGSU BRANCH ×××

表 4-34 信用证

FROM: BANGKOK BANK LTD, KUALA LUMPUR
ADVISING BANK: BANK OF CHINA, JIANGSU BRANCH
20: DOCUMENTARY CREDIT NO.: 01/12345
31C: DATE: MAY 20, 2020
50: APPLICANT: TAI HING LOONG SDN, BHD, KUALA LUMPUR
P. O. B. 666 KUALA LUMPUR, MALAYSIA
59: BENEFICIARY: CHINA INTERNATIONAL TEXTILES I/E CORP., BEIJING BRANCH
20 RANJIANG ROAD, NANJING, JIANGSU, CHINA
32B: AMOUNT: HKD 900 000.00 (HONG KONG DOLLARS TWO HUNDRED THREE THOUSAND ONLY)
31D: EXPIRY DATE: JUN. 15, 2020 IN MALAYSIA FOR NEGOTIATION
42C: DRAFT(S) IN DUPLICATE AT SIGHT DRAWN ON US BEARING THE CLAUSE: "DRAWN UNDER L/C NO. 98/12345 OF BANGKOK BANK LTD, KUALA LUMPUR DATED MAY 20, 2020."
46A: ACCOMPAINED BY THE FOLLOWING DOCUMENTS:
—SIGNED COMMERCIAL INVOICE IN QUADRUPLICATE COUNTERSIGNED BY APPLICANT.
—FULL SET OF CLEAN ON BOARD OCEAN BILLS OF LADING MADE OUT TO ORDER, ENDORSED IN BLANK, MARKED "FREIGHT COLLECT" AND NOTIFY BENEFICIARY.
—MARINE INSURANCE POLICY OR CERTIFICATE FOR FULL INVOICE VALUE PLUS 50% WITH CLAIMS PAYABLE IN MALAYSIA IN THE SAME CURRENCY AS THE DRAFT COVERING ALL RISKS AND WAR RISK AS PER PICC 01/01/1981.
—PACKING LIST IN QUADRUPLICATE.
—G. S. P CERTIFICATE OF ORIGIN FORM A ISSUED BY BANK OF CHINA, JIANGSU BRANCH.
45A: COVERING:
ABOUT 300 000 YARDS OF 65% POLYESTER, 35% COTTON GREY LAWN. AS PER S/C NO. CNT0618 DATED MAY 10, 2020.
71B: ALL BANKING CHARGES OUTSIDE MALAYSIA ARE FOR THE ACCOUNT OF BENEFICIARY.
44E: SHIPMENT FROM CHINA PORT.
44F: TO KELANG LATEST JULY 31, 2020.
43P: PARTIAL SHIPMENT IS ALLOWED.
43T: TRANSSHIPMENT IS PROHIBITED.
48: DOCUMENTS TO BE PRESENTED WITHIN 3 DAYS AFTER THE DATE OF ISSUANCE OF THE SHIPPING DOCUMENTS BUT WITHIN THE VALIDITY OF THE CREDIT.
40E: THE TERMS OF THIS CREDIT WILL BE DULY HONORED ON PRESENTATION. SUBJECT TO UCP600.

BANGKOK BANK LTD, KUALA LUMPUR

※操作完成※

审证结果：

改证函：

________ 2020

Dear Sir,

▶ 实训任务 3　缮制国际海运货物委托书

※实训材料※

请根据下列信用证（如表 4－35 所示）及补充资料，完成国际海运货物委托书（如表 4－36 所示）的缮制。

表 4－35　信用证

APPLICATION HEADER 0 700 1417 970214FKBKJPJTAXXX 1343 337998 97021 1317		
	＊SUMITOMO MITSUI BANKING CORPORATION ＊TOKYO, JAPAN	
SEQUENCE OF TOTAL	＊27	1 / 1
FORM OF DOC. CREDIT	＊40A	IRREVOCABLE
DOC. CREDIT NUMBER	＊20	4028D
DATE OF ISSUE	31C	20200814
EXPIRY	＊31D	DATE 20201015 PLACE CHINA
APPLICANT	＊50	SUMITOMO CORPORATION 2 HOTOTSUBASHI, CHIYADA-KU TOKYO, JAPAN
BENEFICIARY	＊59	ANHUI VICTORY COMPANY 36 GARDEN STREET HEFEI, CHINA
AMOUNT	＊32B	CURRENCY USD AMOUNT 28 280.00
AVAILABLE WITH/BY	＊41D	ANY BANK IN CHINA, BY NEGOTIATION
DRAFTS AT...	42C	DRAFT AT 30 DAYS AT SIGHT FOR FULL INVOICE COST

续前表

DRAWEE	42A	* SUMITOMO MITSUI BANKING CORPORATION * TOKYO, JAPAN
PARTIAL SHIPMTS	43P	NOT ALLOWED
TRANSSHIPMENT	43T	NOT ALLOWED
LOADING IN CHARGE	44A	ANY CHINESE PORT
FOR TRANSPORT TO...	44B	NARITA PORT
LATEST SHIPMENT	44C	20200931
SHIPMENT PREIOD	44	
GOODS DESCRIPT.	45A	TRADE TERM CIP NARITA PORT 700 KGS NET OF CHINESE ROYAL JELLY PACKING IN 1 KG/PLASTIC BOTTLE 10 KGS/CARTON IN REFRIGERATED CONTAINER AT USD 40.40 PER KG NET
DOCS. REQUIRED	46A	1. COMMERCIAL INVOCIE IN 5 COPIES INDICATING THE CARGO SHOULD BE KEPT 18 DEGREES CENTIGRADE DURING SHIPMENT AND SHOWING APPLICANT'S REF NO. MCCI-04-0120 WHICH MUST BE GIVEN ON ALL OTHER DOCUMENTS. 2. FULL SET OF SHIPMENT CONSIGNED TO SUMITOMO MITSUI BANKING CORPORATION AND MARKED FREIGHT PREPAID AND SHOWING SAME NAMES AS NOTIFY PARTY AS CONSIGNEE AND INDICATING ACTUAL FLIGHT DATE. 3. PACKING LIST IN DUPLICATE. 4. FULL SET OF INSURANCE POLICIES OR CERTIFICATES ENDORSED IN BLANK FOR 110 PCT INVOICE VALUE COVERING THE INSTITUTE CARGO CLAUSES (ALL RISKS) AND CIVIL COMMOTIONS CLAUSES AND I. O. P CLAIMS ARE PAYABLE IN JAPAN IN CURRENCY OF DRAFTS. INSURANCE TO BE EFFECTED BY SHIPPER. 5. CERTIFICATE OF ORIGINAL OR CERTIFICATE OF QUALITY ISSUED BY THE COMPETENT AUTHORITIES ARE BOTH REQUIRED.
ADDITIONAL COND	*47A	+TRANSPORT DOCUMENTS WHICH BEAR

续前表

		REFERENCE BY STAMP OR OTHERWISE TO COSTS ADDITIONAL TO THE FREIGHT ARE NOT ACCEPTABLE. +ORIGINAL CERTIFICATE OF QUALITY CERTIFYING MOISTURE 67.00 PCT MAX AND DECENOIC ACID MIN, 2.1 PCT ISSUED BY ENTRY-EXIT INSPECTION AND QUARANTINE OF PEOPLE'S REPUBLIC OF CHINA SHOULD BE ATTACHED TO THE CARGO AND A BENEFICIARIES' CERTIFICATE TO THAT EFFECT IS REQUIRED. +DRAFTS TO ENFACE SAME DATE AS SHIPMENT AND WILL BE PAYABLE AT A FIXED DATE.
CONFIRMATION	* 49	WITHOUT
REIMBURSING BANK	53	* SUMITOMO MITSUI BANKING CORPORATION * TOKYO, JAPAN
INSTRUCTIONS	78	THE NEGOTIATING BANK MUST FORWARD TO US (INTERNATIONAL OPERATIONS ADMINISTRATION DIVISION 1-1, NIHONBASHI MUROMACHI 2-CHOME CHUO-KU TOKYO). ALL DOCUMENTS IN ONE REGISTERED AIRMAIL AND TO THE DRAWEE BANK. THE DRAFTS TOGETHER WITH COMPLIANCE CERTICATE. ALL DRAFTS DRAWN HERE UNDER MUST INDICATE NUMBER, DATE AND NAME OF ISSUING BANK OF THIS CREDIT.
SEND. TO REC. INFO.	72	/ SUBJECT TO U.C.P.2007 ICC PUBLICATION NO. 600
TRAILER		ORDER IS <MAC: > <PAC: > <ENC: > <CHK: > <TNG: > <PDE: >

补充资料：

（1）合同号码：C200810SC。

（2）发票号码：INV200816；发票日期：2020－08－16。

（3）毛重：36 KGS/CARTON；净重：35 KGS/CARTON。

（4）总尺码：2.4 CBM；唛头：SUMITOMO/MCCI－04－0120/SHANGHAI/C. NO. 1－20。

（5）始发日期：2020－09－20；始发港：SHANGHAI。

※操作完成※

表 4 - 36　国际海运货物委托书

<table>
<tr><td rowspan="2">发货人</td><td colspan="2" rowspan="2"></td><td>发票号</td><td colspan="2"></td><td>合同号</td><td></td></tr>
<tr><td>结汇方式</td><td colspan="2"></td><td>贸易性质</td><td></td></tr>
<tr><td rowspan="2">收货人</td><td colspan="2" rowspan="2"></td><td>起运港</td><td colspan="2"></td><td>目的港</td><td></td></tr>
<tr><td>可否转运</td><td colspan="2"></td><td>可否分批</td><td></td></tr>
<tr><td rowspan="2">通知人</td><td colspan="2" rowspan="2"></td><td>装运日期</td><td colspan="2"></td><td>运输方式</td><td></td></tr>
<tr><td>运费</td><td colspan="2"></td><td>正本提单份数</td><td></td></tr>
<tr><td colspan="2" rowspan="2">标记唛头</td><td rowspan="2">货物规格及货号</td><td rowspan="2">包装件数</td><td rowspan="2">毛重</td><td rowspan="2">净重</td><td colspan="2">价格（成交条件）</td></tr>
<tr><td>单价</td><td>金额</td></tr>
<tr><td colspan="2" rowspan="4"></td><td rowspan="2"></td><td rowspan="2"></td><td rowspan="2"></td><td rowspan="2"></td><td colspan="2"></td></tr>
<tr><td></td><td></td></tr>
<tr><td>合计</td><td></td><td></td><td></td><td></td><td></td></tr>
<tr><td>总体积</td><td>CBM</td><td colspan="2">箱型箱量</td><td colspan="2"></td></tr>
<tr><td>注意事项</td><td colspan="7"></td></tr>
<tr><td colspan="4">受托人</td><td colspan="4">委托人</td></tr>
<tr><td colspan="4"></td><td colspan="4"></td></tr>
<tr><td colspan="4">联系人</td><td colspan="4">联系人</td></tr>
<tr><td colspan="2">电话</td><td colspan="2">传真</td><td colspan="2">电话</td><td colspan="2">传真</td></tr>
</table>

▸ 实训任务 4　缮制出口报检报关单

※实训材料※

根据本项目中【示范任务 7】的相关资料填制一份出口报关单（如表 4 - 37 所示）。

※操作完成※

表 4－37　中华人民共和国海关出口货物报关单

预录入编号：　　海关编号：　　（申报地海关）　　页码/页数：

境内发货人	出境关别	出口日期	申报日期	备案号
境外收货人	运输方式	运输工具名称及航次号	提运单号	
生产销售单位	监管方式	征免性质	许可证号	
合同协议号	贸易国（地区）	运抵国（地区）	指运港	

包装种类	件数	毛重（千克）	净重（千克）	成交方式	运费	保费	杂费

随附单证

随附单证 1：　　随附单证 2：

项号	商品编号	商品名称及规格型号	数量及单位	单价/总价/币制	原产国（地区）	最终目的国（地区）	境内货源地	征免

特殊关系确认：　　价格影响确认：　　支付特许权使用费确认：　　自报自缴：

申报人员 申报单位	申报人员证号	电话	兹申明以上内容承担如实申报、依法纳税之法律责任 申报单位（签章）	海关批注及签章

▶实训任务 5　缮制出口投保单

※实训材料※

根据本项目中【示范任务 7】的相关资料填制一份海运出口货物投保单（如表 4－38 所示），并出具保险单（如表 4－39 所示）。

※操作完成※

表 4－38　投保单

<table>
<tr><td colspan="4">海运出口货物投保单</td></tr>
<tr><td colspan="2">（1）保险人</td><td colspan="2">（2）被保险人</td></tr>
<tr><td>（3）标记</td><td>（4）包装及数量</td><td>（5）保险货物项目</td><td>（6）保险货物金额</td></tr>
<tr><td colspan="4">（7）总保险金额（大写）</td></tr>
<tr><td colspan="4">（8）运输工具　　（船名）　　（航次）</td></tr>
<tr><td colspan="2">（9）开航日期</td><td colspan="2">（10）航程</td></tr>
<tr><td colspan="2">（11）投保险别</td><td colspan="2">（12）赔款地点</td></tr>
<tr><td colspan="2">（13）投保日期</td><td colspan="2">（14）投保人签字</td></tr>
</table>

表 4-39 保险单

中国人民保险公司
THE PEOPLE'S INSURANCE COMPANY OF CHINA
总公司设于北京 一九四九年创立
Head Office: BEIJING Established in 1949
保险单
INSURANCE POLICY

发票号码保险单 保险单号次
Invoice No. Policy No.

中国人民保险公司（以下简称本公司）
This Police of Insurance witnesses that The People's Insurance Company of China (hereinafter called "The Company")
根据____________________（以下简称被保险人）
at the request of ____________________ (hereinafter called the "Insured")
的要求，由被保险人向本公司缴付约定的保险费，按照本保险单承保险别和背面所载条款与下列特款承保下述货物运输保险，特立本保险单。
and in consideration of the agreed premium paying to the Company by the Insured, undertakes to insure the undermentioned goods in transportation subject to the conditions of this Policy as per Clauses printed overleaf and other special clauses attached hereon.

标记 Marks & Nos.	包装及数量 Packages & Quantity	保险货物项目 Description of Goods	保险金额 Amount Insured

总保险金额:
Total Amount Insured ____________________
保费 费率 装载运输工具
Premium ______ Rate ______ Per conveyance S. S ______
开航日期 自 至
Slg on or abt ________ From ________ To ________
承保险别
Conditions
所保货物，如遇出险，本公司凭本保险单及其他有关证件给付赔款。
Claims, if any, payable on, surrender of this Policy together with other relevant documents.
所保货物，如发生本保险单项下负责赔偿的损失事或事故，应立即通知本公司下述代理人查勘。
In the event of accident whereby loss or damage may result in a claim under this policy, immediate notice applying for survey must be given to the company's agent as mentioned hereunder.
赔付地点
Claim payable at ____________
日期
Date ____________ 中国人民保险公司
投保地点 THE PEOPLE'S INSURANCE COMPANY
Place ____________ OF CHINA

▶ 实训任务 6　填制出口信用保险相关单据

※实训材料※

合肥震远进出口有限公司与非洲新客户 SUNNY INTERNATIONAL CO.，LTD 公司签订了一份农用工具出口合同，合同总金额：USD 80 000.00；付款方式：O/A 100% 60 DAYS AFTER SHIPMENT。结合业务稳健开展需要及国家出口信用保险政策，震远公司拟准备申请出口信用保险，填制相关单据（如表 4－40 和表 4－41 所示），进行网上申报，完成信保手续办理。

合肥震远进出口有限公司和非洲新客户 SUNNY INTERNATIONAL CO.，LTD 公司相关信息资料详见其公司官方网站。

※操作完成※

表 4－40　短期出口信用保险中小企业综合保险投保单

一、投保人基本情况

（一）基本信息

公司名称(中文)		
(英文)		
下列选项 1 和选项 2 内容二选一，非“三证合一”企业请填写选项 1；“三证合一”企业请填写选项 2：		
1	注册地址	
	营业地址	
	工商注册号	
	组织机构代码	
2	住所	
	统一社会信用代码	
海关统计经营单位编码		
主要出口产品所属品类（请在适合的框内打“√”，请单选）： □机电产品 □汽车整车 □汽车零部件 □船舶 □高新技术 □轻工 □纺织品 □农产品 □医药保健产品 □钢铁 □其他		
营业范围		
出口开始年份		
企业类型（请在适合的框内打“√”）		
国有企业［　］	民营企业［　］	外资企业［　］
经营性质（请在适合的框内打“√”）		
贸易公司［　］	贸易代理［　］	生产性企业［　］
是否上市公司（请在适合的框内打“√”）		
是［　］	否［　］	

（二）联系方式

1. 公司基本联系方式

电话		传真		邮编	
经营地址					
电子信箱					

续前表

2. 法定代表人联系方式

姓名		职务		电话	

3. 委托代理人联系方式

姓名		职务		电话	
电子信箱					

4. 主要联系人联系方式

姓名		职务		电话	
电子信箱					

二、出口情况

（一）近年出口情况分析

年份	出口总额（万美元）
近 12 个月累计出口额	
年	
年	
年	

投保年度预计出口额：USD ______________

（二）过去 3 年中超过 5 万美元逾期未收汇情况的细节

是否有上述未收汇情况：□有　□无（如选择“有”，请填写以下内容：）

年份	国家	债务人名称/地址	最终损失金额（万美元）	损失原因［请填写损失原因代码］
年				
年				
年				
年				

损失原因代码：A=破产，B=拖欠，C=拒绝受领货物，D=贸易纠纷，E=政治风险。

注：

1. 如地方不够可另加页。
2. 可以近期向外汇管理局报送的逾期未收汇报表复印件代替此表。

三、买方信息

主要买方清单：

序号	买方名称（英文大写）	出口金额（万美元）	交易历史及累计交易金额		拖欠历史	
			年	金额（万美元）	次数	总金额（美元）

四、对争议解决方式的选择（请在下述［　］内打“√”选一）

仲裁	在北京仲裁委员会仲裁［　］
诉讼	在被告所在地诉讼　　［　］

五、随本投保单所附资料清单：

六、其他需要说明事项（被保险人如有特殊要求，可在此填写）：

续前表

七、声明与保证事项：

（一）我公司郑重声明已经详读短期出口信用保险中小企业综合保险条款 2.0 版，对上述保险条款，尤其是涉及免除或限制保险人责任部分的条款内容，中国出口信用保险公司已向我公司进行了明确的提示和说明，我公司也已经充分理解并无异议，并在此基础上填写本投保单。

（二）我公司保证作为贸易的实际当事方，上述投保范围内签订的销售合同真实、合法、有效。

（三）我公司保证未经中国出口信用保险公司书面同意，不向除我公司开户银行以外的任何机构、买方或其他人披露本保险关系的存在或其他内容。

（四）我公司保证按照短期出口信用保险中小企业综合保险单 2.0 版的规定全面履行被保险人的义务。

（五）我公司保证本投保单中所填写的内容均是真实的，无隐瞒任何与本保险有关的重要情况，并同意以此作为贵公司承担保险责任的先决条件。

投保单位盖章

法定代表人：
签字人职务：
签　　字：________（请用正楷填写）
签字日期：　　　年　　月　　日

表 4-41　短期出口信用综合险买方信用限额申请表

＊适用于非信用证支付方式＊

＊保险单号：

＊被保险人名称：

申请限额：
＊金额 USD
＊信用期限　　天

销售合同情况：
＊合同支付方式：□O/A □D/P □L/C
＊当前在手订单金额：USD ________
＊当前应收账款余额：USD ________
＊出口商品名称：________

□家电产品	□光伏产品
□摩托车	□纺织成品
□医药保健品	□农产品
□钢铁	□燃料油
□家具	□鞋靴
□汽车零部件	□工程机械及其零部件
□农药	□化肥
□其他通信产品	□船舶及修理
□电脑	□印刷电路板及原材料
□陶瓷	□玩具
□汽车整车或成套散件	□手机及电话
□纺织原料及半成品	□其他基本金属及贵金属
□皮革	□其他

买方基础信息　　买方代码：

＊买方国家：
城市：
＊名称：
＊地址：
注册号：
＊电话：　　　　传真：

是否存在担保：□是 □否
买方指定担保人：
担保人代码：
担保人名称：
担保人国家：
担保人地址：
注册号：
电话：
传真：

历史交易情况：
＊是否有过历史交易：□是 □否（如是，则如下为必填）
＊交易历史情况：
1. 最早成交年份：________年
2. 开始放账年份：________年
3. 近三年交易情况

成交年份	结算方式	成交金额
年	□L/C□D/P□O/A	USD ____
年	□L/C□D/P□O/A	USD ____
年	□L/C□D/P□O/A	USD ____

续前表

<table>
<tr><td>贸易术语（选填）：
□EXW□FCA□FAS □FOB□CFR□CIF
□CPT□CIP□DAF□DES□DEQ□DDU
□DDP□其他________</td><td rowspan="2">4. 买方当前付款表现：
□应付款日内（含）USD ________
□应付款日后 30 天以内 USD ________
□应付款日后 31～60 天 USD ________
□应付款日 60 天以上 USD ________
5. 逾期原因：□拒收□拖欠□破产□政治风险□其他________
（如应付款日后 60 天以上金额>0，则逾期原因为必填项）</td></tr>
<tr><td>在本信用限额项下是否有贸易融资需求：
*是　　　　　　否</td></tr>
<tr><td colspan="2">其他说明</td></tr>
<tr><td>以下由保险人填写</td><td rowspan="3">投保企业声明
1. 待与保险人签订正式保单后，将按保单条款规定履行被保险人的各项义务，本预批信用限额申请表成为保单的组成部分。
2. 投保企业知悉，上述询问内容构成保险人决定是否同意承保的基础，投保企业填写内容的真实性、完整性是保险人承担赔偿责任的前提条件之一，投保企业应如实告知。如果投保企业未如实告知，保险人有权解除与其签署的正式保单，或者解除与投保企业未如实告知涉及的信用限额相关的保险合同部分，并拒绝承担赔偿责任，且不退还已收保险费。
（盖章）　　　　　　　　　　　　年　月　日</td></tr>
<tr><td>保险人收到时间</td></tr>
<tr><td>保险人登记号</td></tr>
<tr><td colspan="2">填制要求：
（1）有□的栏目，请在合适的□内打“√”。
（2）信用期限：货物出口之日起至买方应付款日止的时间。
（3）申请限额金额：信用期限内对买方的累计最高放账额，如存在不同支付方式，按合并金额申请。
（4）本表经投保企业盖单位章方有效。
（5）此表要求填全，*部分必填，否则可能延迟审批时间。地方不够请另加附页。</td></tr>
</table>

▶ 实训任务 7　缮制出口结汇单据

※实训材料※

根据下述信用证（如表 4 - 42 所示）和补充资料，缮制汇票、商业发票、装箱单、海运提单、一般原产地证、受益人证明和船公司证明（如表 4 - 43 至表 4 - 49 所示）。

表 4 - 42　信用证

<table>
<tr><td colspan="2">EMIRATES BANK INTERNATIONAL LIMITED</td></tr>
<tr><td>P. O. BOX2925
DUBAI
UNITED ARAB EMIRATES</td><td>TELEFAX：26498
CABLE：EMARATMNK
TELEX：46455 EBIDB EM
DATE OF ISSUE：25TH JANUARY，2020</td></tr>
</table>

续前表

<table>
<tr><td>IRREVOCABLE DOCUMENTARY CREDIT</td><td>CREDIT NO. ELC-TFS-200079</td></tr>
<tr><td>ADVISING BANK
BANK OF CHINA，HENAN BRANCH
16 HUAYUAN ROAD，ZHENGZHOU，CHINA</td><td>50：APPLICANT
BDE COMPANY
P. O. BOX 2002，DUBAI，U. A. E</td></tr>
<tr><td>59：BENEFICIARY
HENAN FT I/E CORPORATION，
NO. 92 WENHUA ROAD，ZHENGZHOU，CHINA</td><td>32B：AMOUNT IN WORD AND FIGURES
USD 16 128. 00（SAY UNITED STATES DOLLARS SIXTEEN THOUSAND ONE HUNDRED AND TWENTY-EIGHT ONLY）CFR DUBAI</td></tr>
<tr><td colspan="2">31D：AVAILABLE IN CHINA EXPIRY UNTIL 15TH APRIL，2020</td></tr>
<tr><td colspan="2">DEAR SIRS，
40A：WE HEREBY ISSUE THIS IRREVOCABLE DOCUMENTARY CREDIT IN YOUR FAVOUR，WHICH IS AVAILABLE BY NEGOTIATION.
42C：DRAFTS AT SIGHT DRAWN ON OURSELVES FOR FULL INVOICE VALUE OF GOODS AND MARKED "DRAWN UNDER EMIRATES BANK INTERNATIONAL LIMITED CREDIT NO. ELC-TFS-200079 DATED 25TH JANUARY，2020".
46A：ACCOMPANIED BY THE FOLLOWING DOCUMENTS：
* SIGNED COMMERCIAL INVOICES IN 6 COPIES STATING THE NAME AND ADDRESS OF THE MANUFACTURER CERTIFYING THE ORIGIN OF GOODS AND CONTENTS TO BE TRUE AND CORRECT.
* FULL SET OF CLEAN ON BOARD MARINE BILLS OF LADING MADE OUT TO ORDER AND ENDORSED IN BLANK MARKED "FREIGHT PREPAID"，AND NOTIFY APPLICANT.
* CERTIFICATE OF ORIGIN ISSUED BY CHINA COUNCIL FOR THE PROMOTION OF INTERNATIONAL TRADE AND CERTIFYING THE GOODS TO BE OF CHINESE ORIGIN，STATING THE FULL NAME AND ADDRESS OF THE MANUFACTURER OF GOODS.
45A：COVERING SHIPMENT OF THE FOLLOWING GOODS：
7 000 DOZEN PAIRS OF MENS' PRINTED NYLON STRETCH SOCKS
SIZE：26CM×27CM STANDARD，COLOURS：6 COLOURS EQUALLY ASSORTED，BRAND：GOLDEN PINE MADE IN SHANGHAI，CHINA，DESIGN NO. N3004-D33 AND N3004-D92 EACH 3 500 DOZEN PAIRS @ USD 2. 304 PER DOZEN PAIRS CFR DUBAI
SHIPPING MARKS：BDE/DUBAI/NOS. 1 - 140</td></tr>
<tr><td colspan="2">44E：DESPATCH/SHIPMENT FROM SHANGHAI.
44F：TO DUBAI.
44C：LATEST 25TH MARCH，2020.
43P：PARTIAL SHIPMENT IS ALLOWED.
43T：TRANSHIPMENT IS ALLOWED AT HONG KONG ONLY.
WE HEREBY ENGAGE WITH DRAWERS OR BONA FIDE HOLDERS THAT DRAFTS DRAWN IN CONFORMITY WITH THE TERMS OF THIS CREDIT WILL BE DULY HONOURED ON PRESENTATION.</td></tr>
<tr><td colspan="2">78：DIRECTIONS TO ADVISING BANK
WE HAVE ISSUED THIS DOCUMENTARY CREDIT AS DETAILED ABOVE. WE REQUEST YOU TO NOTIFY THE CREDIT TO THE BENEFICIARY.</td></tr>
<tr><td colspan="2">46A：OTHER DOCUMENTS REQUIRED</td></tr>
</table>

续前表

* INSURANCE COVERED BY BUYER. SHIPMENT ADVICE QUOTING NAME OF CARRYING VESSEL, DATE OF SHIPMENT, SHIPPING MARKS, AMOUNT AND OUR LETTER OF CREDIT NUMBER SHOULD BE SENT TO ALLIANCE INSURANCE (P. S. C.) P. O. BOX 5501, DUBAI, UAE BY TELEX OVER THEIR TELEX NO. 46048 ALNCE EM OR BY FAX OVER THEIR FAX NO. (09714) 225129 DUBAI, REFERRING TO THEIR TELEX/FAX COPY MUST ACCOMPANY THE DOCUMENTS. * PACKING LIST IN 6 COPIES UNDER SEPARATE SETS. * ONE COPY EACH OF INVOICES, CERTIFICATE OF ORIGIN AND TRANSPORT. DOCUMENTS ALONG WITH SHIPMENT SAMPLES MUST BE SENT TO APPLICANT BY SPEEDPOST. A CERTIFICATE TO THIS EFFECT TOGETHER WITH THE RELATIVE SPEEDPOST RECEIPT MUST ACCOMPANY THE DOCUMENTS. * CERTIFICATE ISSUED BY THE SHIPOWNER OR AGENT CERTIFYING THAT THE CARRYING VESSEL IS ALLOWED BY ARAB AUTHORITIES TO CALL AT ARABIAN PORTS AND IS NOT SCHEDULED TO CALL AT ANY ISRAELI PORT DURING ITS VOYAGE TO THE UNITED ARAB EMIRATES. IN CASE OF SHIPMENT BY UNITED ARAB SHIPPING CO. LINE VESSELS SUCH CERTIFICATE IS NOT REQUIRED.
47A: SPECIAL INSTRUCTIONS 1. INVOICES MUST CERTIFY THAT THE GOODS SHIPPED AND ALL OTHER DETAILS ARE AS PER ORDER NO. 6533/95 OF M/S. ALHELO TRADING COMPANY, DUBAI, U . A . E AND BENEFICIARY'S SALES NOTE NO. 1-06. 2. SHIPMENT ADVICE GIVING FULL DETAILS MUST BE SENT TO M/S. ALHELO TRADING COMPANY, U. A . E . BY TELEX OVER THEIR TELEX NO. 46692 ALHELO EM OR BY CABLE OVER THEIR CABLE ADDRESS ALHELO, DUBAI. WITHIN 5 DAYS OF SHIPMENT AND A COPY OF THE RELATIVE TRANSMITTED TELEX/CABLE ADVICE MUST ACCOMPANY THE DOCUMENTS. 3. SHIPMENT SAMPLES AND ONE FULL SET EACH OF NON-NEGOTIABLE SHIPPING DOCUMENTS MUST BE SENT TO APPLICANTS AND TO M/S. ALHELO TRADING COMPANY, P. O. BOX 5365, DUBAI, U. A. E. BY AIRMAIL AFTER THE SHIPMENT AND A COMPLIANCE CERTIFICATE TO THIS EFFECT ISSUED BY BENEFICIARY MUST ACCOMPANY THE DOCUMENTS. 4. COMBINED TRANSPORT (LAND AND SEA) BILLS OF LADING ARE ACCEPTABLE. 5. THE NEGOTIATING BANK MUST DEDUCT FROM THE PAYMENT TO THE BENEFICIARY AGENTS COMMISSION @1% ON 100% OF CFR INVOICE VALUE PAYABLE TO M/S. ALHELO TRADING COMPANY, P. O. BOX 5365, DUBAI, U. A. E. AND CLAIM REIMBURSEMENT FOR THE NET AMOUNT ONLY AFTER SUCH DEDUCTION WHICH MUST BE CONFIRMED ON THEIR NEGOTIATION SCHEDULE. 6. SHIPMENT MUST BE EFFECT BY COSCO LINE AND/OR MAERSK LINE AND/OR UNTIED ARAB SHIPPING COMPANY LINE VESSELS AND BILLS OF LADING MUST BE ISSUED BY THIS LINES ONLY. 7. PACKING: EACH PAIR IN A PRINTED POLYBAG, 1 DOZEN OF EQUALLY ASSORTED COLOURS IN A PRINTED BOX THEN FINALLY 50 DOZEN PAIRS PER EXPORT CARTON AND PACKING LIST MUST EVIDENCE COMPLIANCE. 8. SHIPMENT ADVICE GIVING FULL DETAILS SUCH AS NAME OF THE CARRY VESSEL, BILL OF LADING NUMBER, INVOICE NUMBER & DATE, LETTER OF CREDIT NUMBER, NAME & ADDRESS WITH TELEPHONE NUMBER OF THE

续前表

CARRYING VESSEL'S AGENT IN DUBAI MUST BE SENT TO APPLICANTS BY FAX OVER THEIR FAX NO. 263083 DUBAI OR BY TELEX OVER THEIR TELEX NO. 47354 ASKAR EM AND A COPY OF THE RELATIVE TRANSMITTED TELEX/FAX ADVICE MUST ACCOMPANY THE DOCUMENTS. 9. IF POSSIBLE INVOICES TO INDICATE HARMONIZED SYSTEM COMMODITY CODEENUMBER (H. H. CODE NUMBER) . THE DEPARTMENT OF PORTS & CUSTOMS, U. A. E. WARNS SUPPLIERS THAT FAILURE TO QUOTE THE RELEVANT HARMONIZED SYSTEM (H. S.) COMMODITY CODE NUNBER ON THE COMMERCIAL INVOICES WILL RESULT IN UNNECESSARY DELAY IN CLEARANCE.
78：FURTHER DIRECTIONS TO ADVISING/NEGOTIATING BANK * THE AMOUNT OF EACH DRAWING MUST BE ENDORSED ON REVERSE OF PAGE 1 OF THIS CREDIT. * DOCUMENTS MUST BE COURIERED/DISPATCHED BY REGISTERED AIRMAIL IN ONE COVER. * ALL BANKING CHARGES OUTSIDE THE COUNTRY OF ISSUANCE OF THIS CREDIT ARE ON BENEFICIARY'S ACCOUNT. IN REIMBURSEMENT, THE NEGOTIATING BANK IS AUTHORIZED TO DRAW ON OUR ACCOUNT WITH CHEMICAL BANK, 15TH FLOOR, 55 WATER STREET, NEW YORK, N. Y. 10014-0209, U. S. A.

AUTHORIZED SIGNATURE

补充资料：

（1）发票号码：XH-005。

（2）提单编号：C021806。

（3）运输工具：Red Star V. 506。

（4）总毛重：9 000. 00 KGS。

（5）净重：8 700. 00 KGS。

（6）包装箱尺寸：48 CBM。

（7）海关编码：92132000。

（8）经营单位编号：3302012556。

（9）保单号码：JZ01/045690。

（10）上海海关关区代码：2200。

※操作完成※

1. 汇票

表 4-43　汇票

BILL OF EXCHANGE

Drawn under ______________________________

L/C No. ______________

Dated. ______________

No. ______________

Exchange for ______________ SHANGHAI, CHINA ______________

续前表

At ______________ sight of this FIRST BILL OF EXCHANGE (the SECOND BILL OF EXCHANGE being unpaid) pay to the order of ______________
the sum of ______________
To ______________
Signature ______________

2. 商业发票

表 4-44 商业发票

<table>
<tr><td colspan="2">Issuer</td><td colspan="4" rowspan="2">商业发票
COMMERCIAL INVOICE</td></tr>
<tr><td colspan="2" rowspan="2">To</td></tr>
<tr><td colspan="2">No.</td><td colspan="2">Date:</td></tr>
<tr><td colspan="2" rowspan="2">Transport details:</td><td colspan="2">S/C No.</td><td colspan="2">L/C No.</td></tr>
<tr><td colspan="4">Terms of payment</td></tr>
<tr><td>Marks and numbers</td><td>Number and kind of packages; description of goods</td><td>Quantity</td><td>Unit price</td><td colspan="2">Amount</td></tr>
<tr><td></td><td></td><td></td><td></td><td colspan="2"></td></tr>
<tr><td colspan="6">Total amount:

Signature ________</td></tr>
</table>

3. 装箱单

表 4-45 装箱单

<table>
<tr><td colspan="2">Issuer</td><td colspan="5" rowspan="2">装箱单
PACKING LIST</td></tr>
<tr><td colspan="2" rowspan="2">To</td></tr>
<tr><td colspan="2">No.</td><td colspan="3">Date:</td></tr>
<tr><td colspan="2" rowspan="2">Transport details</td><td colspan="2">S/C No.</td><td colspan="3">L/C No.</td></tr>
<tr><td colspan="5">Terms of payment</td></tr>
<tr><td rowspan="2">Marks and numbers</td><td rowspan="2">Number and kind of packages; description of goods</td><td rowspan="2">Quantity</td><td colspan="2">Weight</td><td rowspan="2" colspan="2">Measurement</td></tr>
<tr><td>G. W</td><td>N. W</td></tr>
<tr><td></td><td></td><td></td><td></td><td></td><td colspan="2"></td></tr>
<tr><td>Total</td><td></td><td></td><td></td><td></td><td colspan="2"></td></tr>
<tr><td colspan="7">
Signature ________</td></tr>
</table>

4. 海运提单

表 4－46　海运提单

<table>
<tr><td colspan="4" rowspan="2">1. Shipper (Insert Name, Address and Phone)</td><td>B/L No.</td></tr>
<tr><td rowspan="2">中远集装箱运输有限公司
COSCO CONTAINER LINES
TLX：33057 COSCO CN
FAX：+86（021）6545 8984
ORIGINAL</td></tr>
<tr><td colspan="4">2. Consignee (Insert Name, Address and Phone)</td></tr>
<tr><td colspan="4">3. Notify Party (Insert Name, Address and Phone)
(It is agreed that no responsibility shall at tach to the Carrier or his agents for failure to notify)</td><td rowspan="6">Port-to-Port or Combined Transport
BILL OF LADING
RECEIVED in external apparent good order and condition except as otherwise noted. The total number of packages or unites stuffed in the container, the description of the goods and the weights shown in this Bill of Lading are furnished by the Merchants, and which the carrier has no reasonable means of checking and is not a part of this Bill of Lading contract. The carrier has issued the number of Bills of Lading stated below, all of this tenor and date. One of the original Bills of Lading must be surrendered and endorsed or signed against the delivery of the shipment and whereupon any other original Bills of Lading shall be void. The Merchants agree to be bound by the terms and conditions of this Bill of Lading as if each had personally signed this Bill of Lading.
SEE clause 4 on the back of this Bill of Lading (Terms continued on the back hereof, please read carefully).
* Applicable Only When Document Used as a Combined Transport Bill of Lading.</td></tr>
<tr><td colspan="2">4. Combined Transport*</td><td colspan="2">5. Combined Transport*</td></tr>
<tr><td>Pre-carriage by</td><td></td><td>Place of Receipt</td><td></td></tr>
<tr><td colspan="2">6. Ocean Vessel Voy. No.</td><td colspan="2">7. Port of Loading</td></tr>
<tr><td colspan="2" rowspan="2">8. Port of Discharge</td><td colspan="2">9. Combined Transport*</td></tr>
<tr><td>Place of Delivery</td><td></td></tr>
</table>

<table>
<tr><td>Marks & Nos. Container/Seal No.</td><td>No. of Containers or Packages</td><td>Description of Goods (If Dangerous Goods, See Clause 20)</td><td>Gross Weight Kgs</td><td>Measurement</td></tr>
<tr><td rowspan="2"></td><td rowspan="2"></td><td></td><td></td><td></td></tr>
<tr><td colspan="3">Description of Contents for Shipper's Use Only (Not part of This B/L Contract)</td></tr>
</table>

续前表

<table>
<tr><td colspan="7">10. Total Number of containers and/or packages (in words)</td></tr>
<tr><td colspan="3">Subject to Clause 7 Limitation</td><td colspan="4"></td></tr>
<tr><td colspan="2">11. Freight & Charges
Declared Value Charge</td><td>Revenue Tons</td><td>Rate</td><td>Per</td><td>Prepaid</td><td>Collect</td></tr>
<tr><td rowspan="2">Ex. Rate</td><td>Prepaid at</td><td colspan="2">Payable at</td><td colspan="3">Place and date of issue</td></tr>
<tr><td>Total Prepaid</td><td colspan="2">No. of Original B (s) /L</td><td colspan="3">Signed for the Carrier</td></tr>
<tr><td colspan="7">LADEN ON BOARD THE VESSEL</td></tr>
<tr><td colspan="2">DATE</td><td colspan="2"></td><td colspan="2">BY</td><td></td></tr>
</table>

5. 一般原产地证

表 4-47　一般原产地证

<table>
<tr><td colspan="3">1. Exporter</td><td colspan="2" rowspan="2">Certificate No.
CERTIFICATION OF ORIGIN
OF
THE PEOPLE'S REPUBLIC OF CHINA</td></tr>
<tr><td colspan="3">2. Consignee</td></tr>
<tr><td colspan="3">3. Means of transport and route</td><td colspan="2" rowspan="2">5. For certifying authority use only</td></tr>
<tr><td colspan="3">4. Country/region of destination</td></tr>
<tr><td>6. Marks and Nos.</td><td>7. Number and kind of packages; description of goods</td><td>8. H. S. Code</td><td>9. Quantity</td><td>10. Number and date of invoices</td></tr>
<tr><td></td><td></td><td></td><td></td><td></td></tr>
<tr><td colspan="2">11. Declaration by the Exporter</td><td colspan="3">12. Certification</td></tr>
<tr><td colspan="2">Place and date, signature and stamp of certifying authority</td><td colspan="3">Place and date, signature and stamp of certifying authority</td></tr>
</table>

6. 受益人证明和船公司证明

表 4-48　受益人证明

BENEFICIARY'S CERTIFICATE

表 4-49　船公司证明

SHIPPING COMPANY'S CERTIFICATE

项目五

业务善后

项目概述

一般而言，货物装船或以其他方式发运后，业务基本就进入善后阶段：一方面，业务人员或相关人员要及时、正确、高效地缮制或申领、核对各类单据，与货运代理等核算当地费用并对接支付，尽快组织交单议付或沟通买方支付尾款，协同财务人员跟踪收汇、整理资料，按政策办理出口退税等。另一方面，业务人员要及时、主动、体贴地与客户沟通，反馈相关货运信息，细心地与客户核对所需单据种类、要求，便于客户购买保险、准备仓储、清关、接货等；要结合付款方式，提醒客户按时交单议付、快递单据或电放提单等，准确共享单据状态及跟踪查询单号等。要适时、适度、适量地多与客户沟通市场最新行情、新品上市进度、售后服务新政策、公司中长期规划和近期公司销售政策等，积极传递正能量信息，便于让客户感觉放心并对未来充满信心，同时需要密切关注客户经营情况、市场情况，为启动新单合作做好充分准备、营造良好的长期合作氛围。

然而，当卖方单据提交对方银行（以 L/C 付款项下为例）后，如果买方或议付行提出不符点，就可能出现拒付。在收到拒付通知后，卖方首先要与交单行密切沟通，查清拒付原因，积极主动与买方协商，全力说服买方接受不符点，付款赎单，同时要做好应变准备，共同将收汇的风险和损失降至最低点。如果在后 T/T 或赊销等情况下，买方延迟付款，卖方应妥善沟通买方，变被动为主动，积极稳妥的处理善后工作。

本项目主要是帮助学生学会拟写买方（或开证行）接受单据或拒付后的善后函，并总结业务状现状，为下一阶段的业务合作做好准备工作；了解出口退税政策，掌握企业出口退税系统操作流程。

基础知识

一、业务善后函写作指南

根据业务情况的不同，善后函可分为三大类：

（一）总结业务及当下跟进要求，建议后期业务开展方案的善后函

（1）总结近期业务合作情况及当下正在跟进的事宜，提示对方如对单据

有特殊要求，一定要提前告知，便于正确签发。例如：

Thanks for your friendly cooperation in this year again. By our common efforts, we already shipped out the goods under the Proforma Invoice No. ××××, we are checking the bill of lading with your nominated shipping line, and making some documents by ourselves. If you have any special requirements for them, please feel free to let us know as soon as possible.

（2）建议后期业务开展方案，便于尽快启动新单合作。例如：

As you know, our peaking season for the cooling items is coming, kindly please send us your forecast of the next 2～3 months so that we can enlarge our production capacity accordingly. In that case, we can give you a more better delivery time for you from the next order.

（二）买方或开证行接受单据后的善后函

（1）表达高兴的心情，回顾该笔交易中值得肯定的地方，如感谢对方的努力等。例如：

We are glad to know that the issuing bank has honored our draft against L/C No. ×××××.

We are very pleased to have received USD ××× against L/C No. ××× under Contract No. ×××. Thank you for your cooperation.

（2）希望继续扩大合作，建立长期业务往来关系或借此推荐新产品。例如：

We hope this deal will be the basis of the further development of our business relationship.

We can ensure that you will find the goods shipped to your entire satisfaction. We are looking forward to your repeat orders.

We trust that through our joint efforts, we will have a more profitable future.

We would like to take this opportunity to recommend to you our new products.

（三）遭到买方或开证行拒付时的善后函

在实际业务中，遭到买方、开证行（或议付行）提出不符点或拒付是企业经常会遇到的事情。拒付的原因多种多样，要根据具体情况开展善后沟通。在善后沟通信函或电子邮件来往中，要注意语气，态度一定要委婉、诚恳，实事求是；要先核查拒付原因，厘清拒付对双方利害关系，以理服人，赢得买方的谅解、支持，以期达到买方或开证申请人快速联系议付行接受不符点、付款赎单之目的。

遭到买方或开证行（或议付行）拒付的善后函一般包括如下内容：

（1）对由此造成的不便表示抱歉，回顾双方以往的愉快合作。例如：

We are very concerned to receive the Notification of Dishonor from the issuing bank. We feel deeply sorry for the mistake in our negotiation documents, which is made as a result of our clerk's carelessness. We really hope this incident will not affect negatively our friendly cooperation.

(2) 强调单证不符点是细微的，并不影响商品实际品质，不会对进口方的实际利益造成损害，必要时支持适当降价。例如：

We can guarantee that the quality of the goods is exactly in line with the stipulations of the relative contract. Since our goods has been shipped on time, would you be kind to make the payment through your bank? You may rest assured that such mistake will never occur again.

(3) 希望对方尽早回复。例如：

We are looking forward to getting your early reply.

二、出口退税流程

(一) 出口退税资格的认定

外贸企业应在商务主管部门办理从事进出口业务备案登记之日起 30 日内填写出口货物退（免）税认定表（一式三份），并携带以下资料（原件和复印件，审核后原件退回）到当地国税局进出口税收管理处办理认定登记：

(1) 对外贸易经营者备案登记表或者代理出口协议。

(2) 自理报关单位报关注册登记证书。

(3) 外商投资企业需提供批准证书。

(二) 出口退税申报系统软件的下载、安装、启动、维护

出口企业可到中国出口退税咨询网或当地国税部门网站下载出口退税申报系统软件，并按照相关说明安装、启动和维护申报系统。

(三) 出口退税申报前准备事项

(1) 出口企业在取得增值税专用发票后，应当自开票之日起 30 日内办理认证手续；在货物报关出口之日起 90 天，即第一个增值税纳税申报截止之日，收齐单证并办结退（免）税申报手续。

(2) 出口企业应及时登录“口岸电子执法系统”出口退税子系统，核查、确认并提交出口货物报关单“证明联”电子数据。

(3) 出口企业必须将每一份出口货物报关单与对应的增值税专用发票的品名、数量、计量单位保持一致。

(四) 出口退税申报

1. 申报明细数据录入

这是出口退税申报中最主要的工作，不仅量大，而且容易出错。录入时

点击“基础数据采集—出口/进货数据明细录入”，进入操作窗口，点击“增加”，进入编辑窗口进行数据录入，具体要求如下：

（1）关联号：必录内容，一个年度内不能重复，一次申报可以有多个关联号。建议按“2位年份+2位月份+2位批次号+4位顺序号”有规则地编排关联号。

（2）部门代码：只有分部门核算单位才需录入。在“部门代码”维护完成后，点击下拉菜单选择。

（3）部门名称：系统自动生成。

（4）申报年月：即本次申报的退税所属期，如“201811”，以本次申报报关单中日期最迟的年月为申报年月。

（5）申报批次：即本月第几次申报。如第一次输入“01”，依此类推，当月不能重复。

（6）出口进货标志：“0”表示既有进货又有出口；“1”表示只有进货；“2”表示只有出口。

（7）税种：增值税选“V”；消费税选“C”。

（8）出口发票号：即企业出口商品的外运编号。

（9）报关单号：12位码，由报关单右上角“海关编号”后9位码+0+商品项号组成。

（10）出口日期：输入报关单中的出口日期。

（11）美元离岸价：录入实际离岸价（FOB价），这是计算换汇成本的依据。

（12）核销单号：9位码，见核销单右上角或报关单内的批准文号。

（13）代理证明号：若是委托其他外贸企业代理出口的货物，则输入外贸企业提供的“代理出口货物证明”右上角10位码+2位项号（即2位年份+4位地区码+4位顺序码+2位项号）即可，项号录入规则同报关单项号；若是自营出口，此项为空，不得录入任何内容。

（14）远期收汇证明：属远期收汇的，录入外经贸主管部门出具的远期收汇证明号；非远期收汇的，此项为空，不得录入任何内容。

（15）出口备注：可选择录入。

（16）商品代码：见报关单中的“商品编号”，分以下情况录入：1）商品编码仅为8位的，录入8位商品编码后补加“00”补成10位码；2）同一商品名称相同，对应不同的征税税率，例如：22座以下汽油型大马力其他小客车消费税从价定率征5%，代码为8703249011，若既征增值税又征消费税，则在代码后加1，录入为87032490111；若只征增值税，则在代码后加2，录入为87032490112。

（17）商品名称：系统自动生成，无须录入。

（18）单位：系统自动生成，无须录入。

（19）出口数量：与系统内商品代码对应计量单位的报关单上相应数量，录入的数量只能等于或小于报关单数量。

（20）进货凭证号：10位发票代码+8位号码。

（21）分批批次：开具增值税专用发票分割证明的必须录入，若增值税发票数据为1 000，本次出口400，结余600，则本次录入分批批次“1”；下次用分割单申报时录入分批批次“2”。

（22）供货方纳税号：按进货凭证的对应内容录入。

（23）进货数量：即系统内商品代码对应计量单位的相应数量，录入的数量只能等于或小于报关单数量并且与“出口数量”一致；进货凭证的计量单位与系统内商品代码对应计量单位不一致的，要按与系统内商品代码对应计量单位进行转换后，录入对应的数量；委托加工后出口的货物，在录入原材料的增值税专用发票时按加工收回的出口数量录入“进货数量”，加工费或辅料、包装物等的“进货数量”为空。如果委托加工后出口的货物，其原材料是进料加工的进口料件，则在录入加工费的增值税专用发票时按加工收回的出口数量录入“进货数量”，辅料、包装物等的“进货数量”为空。

（24）计税金额：即增值税专用发票上的“计税金额”。

（25）法定征税税率：录入该产品的征税率；消费税从价定率的按小数点方式录入，如10%，录入0.1；从量定额的录入单位税额。

（26）税额：自动生成。如果生成的税额比发票上的税额大，就要进行修改；如果生成的税额比发票上的税额小，则可以不做修改，按回车进入下个字段。

（27）退税率：系统根据商品代码自动生成。

（28）可退税额：系统自动生成。

（29）申报标志：无须录入，系统自动生成。如为空，则该记录处于未申报状态；如为“R”，则该记录已确认需要申报。

以上填写完毕后，点击“保存”，按提示进行确认或继续追加填写。

注意：退消费税的，在上述增值税数据采集完成后，再进行消费税进货数据采集即可，不需要再做出口处理。在所有数据录入结束后，进行“数据分解”，数据分解后分别在出口录入和进货录入中进行“序号重排”和“审核认可”。

2. 数据加工处理

实退税数量以下为空，并不为错，在数据加工处理后将出现数字。

（1）进货出口数量关联检查。执行“数据加工处理—进货出口数量关联检查”，对同一关联号、同一商品代码下的进货和出口数量进行检查。如果检查结果出现错误标志“E”或“W”，则需对错误数据进行调整。关联检查结果有“E”错误的，必须检查。

（2）换汇成本关联检查。建议所有出口企业均在系统配置中设置换汇成本的检查。

（3）预申报数据一致性检查。一致性检查主要包括两个方面：一是进货号是否在发票库里；二是主要的发票的总量控制。

（4）生成预申报数据。在关联检查结果未出现“E”错误的情况下，可继续进行如下处理：点击“数据加工处理—生成预申报数据”，依提示生成一个文件夹，将该文件夹压缩并命名为本单位的海关代码，在国税网站上进行预审。输入关联号，在空白处输满“9”，生成预申报数据。

3. 预申报及预审

（1）企业生成预申报数据文件，上传至当地国税网站，向主管退税机关申请预审。

（2）企业主管退税机关在24小时内下载并进行预审。

（3）税务机关反馈预申报审核结果。

（4）企业根据反馈的预申报审核结果调整申报数据，准备正式申报。

4. 退税正式申报

点击“预审反馈处理—确认正式申报数据”，将数据提交到“正式申报环节”。

（1）生成申报数据并打印申报表。

首先，查询并打印退税申报表。点击“退税正式申报—查询本次申报数据”，将光标移至“出口明细申报数据查询”和“进货明细申报数据查询”，点击打开，对申报数据进行申报前最后一次检查，确认申报数据准确无误后方可打印表格。在“出口明细申报数据查询”和“进货明细申报数据查询”中，执行“扩展功能”申报表打印，预览无误后，点击打印即可。

其次，生成并打印汇总表。点击“退税正式申报—查询本次申报数据”，将光标移至“退税汇总申报表录入”，经核对无误后保存。汇总表的主要内容根据明细表数据自动生成，但企业可以进行修改。若发现有错误或已申报数据中无数据，点击“撤销本次申报”，重新进行数据加工处理，生成申报。

最后，生成退税U盘。点击“退税正式申报—生成退税申报软盘”，选择路径后点击“确定”。生成退税U盘。

（2）整理、装订单证。

按照出口明细表顺序逐票整理、装订单证：增值税专用发票［有消费税的需提供“税收（出口货物专用）缴款书”］、收汇核销单、出口报关单、出口发票。装订封面可到退税机关领取，并按税务机关的统一要求装订。

（3）上门申报退税。

携带申报表、附报资料和电子申报数据（U盘）到申报大厅办理退（免）税申报。其中，申报表主要包括汇总表三份、进货明细表一份、出口明细表一份。附报资料主要包括出口货物报关单（出口退税专用联）、出口收汇核销单（出口退税专用）或远期收汇证明、出口货物外销发票（有的不需提供）、增值税专用发票（抵扣联）、税收（出口货物专用）缴款书或出口货物完税分割单（退消费税提供），如果是委托代理出口的，还应报送代理出口货物证明以及税务机关需要报送的其他资料（如出口货物明细单、购货合同、提单、场站收据等）。

（4）审核反馈处理。

如果已生成退税U盘的申报数据需要修改或重新生成退税申报U盘，则点击“审核反馈处理—已申报出口明细数据查询”，在“索引窗口”点击要进行处理的申报数据关联号，再点击“认可申报”，选择“当前关联号转为待申报”，则该关联号项下所有进货和出口数据均返回到基础数据采集。

5. 退税资料的返回

出口企业应主动、及时关注退税进度，在申报大厅等待随时取回已审批的退税资料，并跟踪、查询已申报退税款是否退税。

6. 出口退税过程中的“四个时限”

一是“30天”。外贸企业购进出口货物后，应及时向供货企业索取增值税专用发票或普通发票。由于增值税专用发票属于防伪税税控增值税发票，因此必须在开票之日起30天内办理认证手续。

二是“90天”。外贸企业必须在货物报关出口之日起90天内办理出口退税申报手续，生产企业必须在货物报关出口之日起三个月后、免抵退税申报期内办理免抵税申报手续。

三是“180天”。外贸企业必须在货物报关出口之日起180天内向所在地主管退税部门提供出口收汇核销单（远期收汇除外）。

四是“3个月”。外贸企业出口货物纸质退税凭证丢失或内容填写有误，按有关规定可以补办或更改的，可在申报期限内向退税部门提出延期办理出口货物退（免）税申报的申请，经批准后，可延期3个月申报。

⌘ 操作示范

▶ 示范任务1　拟写业务善后函（拒付）

※任务描述※

安徽裕城贸易公司收到议付行的拒付通知（如表5-1所示），经核查，该套单据由于存在不符点被开证行拒付。请你代表公司拟写一封善后函。

表 5-1　拒付通知

BANK OF AMERICA
ANHUI BRANCH
Notification of Dishonor

ADDRESS：NO. 42，CHANGJIANG ROAD，HEFEI，ANHUI，CHINA
TELEX：33326 BKAME CN
TEL：86551-62834149
FAX：86551-62834199　　2020-04-06

To：ANHUI YUCHENG TRADING CO.，LTD NO. 48 CHANGJIANG ROAD，HEFEI，ANHUI，CHINA			WHEN CORRESPONDING PLEASE QUOTE OUR REF. NO. 1106-01
ISSUING BANK 开证行 BANK OF MELBOURNE LIMITED		TRANSMITTED TO US THROUGH 转递行	
L/C NO. 信用证号 EPS-YCLC43	DATED 开证日期 2020-02-30	AMOUNT 金额 USD 49 174.00	

Dear sirs，径启者

We have pleasure in advising you that we have received from the a/m bank a(n)Notification of Dishonor reads：

兹通知贵司，我行收自上述银行的拒付通知如下：

WE FIND THE DOCUMENTS UNDER CAPTIONED L/C CONTAINING FOLLOWING DISCREPANCIES：

…

Please contact the Buyer and we hold your documents at your disposal.

BANK OF AMERICA，ANHUI BRANCH

※任务分析※

首先，应表明对单据不符表示遗憾。其次，应提出解决方案，请求进口方帮助说服银行接受不符点单据，我方保证所交货物质量符合合同要求。最后，应保证在以后的交易中避免发生类似情况。

※任务实施※

TO:EPSTEIN & CO.，LTD　　FAX：61-08-33456
DATE：2020-4-10

Dear Sirs，

We are very sorry to receive your bank's Notification of Dishonor owing to some small discrepancies in the documents presented by us. We feel extremely sorry to cause this trouble，therefore we sincerely hope that you would advise your bank to accept the documents and reimburse the amount of the shipment (USD 49 174.00). We would be greatly appreciated that you could help us immediately. As for the goods, we can assure you that they are all in strict accordance with our S/C No. YC-EPSSC43, and we shall be fully responsible for this statement.

Thank you very much for your kind cooperation again and we avail ourselves of this opportunity to assure you of our prompt and careful attention in handling from the next orders.

Best Regards!
Yours truly,
ANHUI YUCHENG TADING CO., LTD
MANAGER ××× (Signature)

▶示范任务 2　拟写业务善后函（顺利结汇）

※任务描述※

2020 年 6 月 12 日，安徽裕城贸易公司接到议付行通知，开证行已如数付款。至此，该笔交易顺利结汇。请向外国公司去函致谢，另寄新的商品价目表。

※任务实施※

TO: EPSTEIN & CO., LTD　　FAX: 61-08-33456
DATE: 2020-04-13

Dear Sirs,

We have heard from our accounting bank that BANK OF MELBOURNE LIMITED has honored our draft drawn under the L/C No. EPS-YCLC43. We are glad that the first transaction concluded between us is so smooth and successful. Thank you for your cooperation in our first deal.

We are looking forward to receiving your further orders, and for your information, we are attaching the brochure of our other products which may be interested in by your customer. We have no doubt that there will be a prospective and profitable market in Denmark, even in Europe for us through our mutual efforts.

Yours sincerely,
ANHUI YUCHENG TRADING CO., LTD
MANAGER ××× (Signature)

▶ 示范任务 3　办理出口退税

※任务描述※

时代公司是专业从事进出口贸易的老牌公司，和日本一家公司签订了出口冷冻蔬菜的合同，规定 2020 年 3 月中旬从上海港起运。4 月初，货物备妥、托单、装箱、报关、出运。4 月 20 日，时代公司收到上海货代寄来的上海海关退回的报关单。当天，退税专员在网上对报关单的电子底账数据进行了认真的核对。4 月 23 日，时代公司收到银行的收汇水单，开证行已全额付款。至此，该笔交易已安全收汇。时代公司海外业务操作部门在货物出口并全部收汇后，立即办理出口退税。请你代表时代公司登录出口申报系统进行相关操作。

※任务分析※

2020 年 4 月 27 日，时代公司的财务专员在将公司需要办理认证的增值税专用发票整理后，一并申报国税局进行发票认证。当天，拿到国税局认证结果通知书和认证清单。

2020 年 4 月 28 日，财务专员将退税要用的单据收集齐全无误后装订成册，包括报关发票（报关部门准备）、报关单（出口退税专用联）、增值税专用发票（抵扣联），并在退税申报系统中逐条录入进货明细及申报退税明细等。录入完毕且核对无误后，生成并打印退税部门所需要的表格明细。

2020 年 5 月 7 日，财务专员将上述资料送交国税局稽核部门申报待批。

2020 年 5 月 28 日，财务专员接到国税局通知，申报的资料于 5 月 7 日已通过。

2020 年 5 月 29 日，财务专员到银行或网银查询，确定申报退税额已足额到账。至此，该笔外贸业务顺利完成退税。

※任务实施※

1. 下载出口退税网程序和企业出口退税申报系统

（1）打开网站，输入用户名、密码登录。

（2）登录后，点击左侧的“下载专区”，搜索“出口退税网安装程序”，右击下载此程序后进行安装。

（3）下载“生产企业出口退税申报系统”，进行安装（请尽量按默认路径安装）。

2. 进行退税申报系统的系统设置

（1）打开“生产企业出口退税申报系统”，用户名输入“SA”，密码为空，点击“确定”。准备录入某月的出口数据，所属期就输入当月月份，如 202004。

（2）进行企业信息设置。点击菜单“系统维护”—“系统配置”—“系统配置设置与修改”，点击“修改”按钮，必须修改的内容有：

1）企业代码：根据海关签发的自理报关单位注册登记证明书的编号确定，录入企业的海关企业代码（10 位数）。如果企业海关代码发生变更，请及时与进出口税收管理科联系，做好相应的变更手续。

2）纳税人识别号：根据国税局签发的税务登记证的编号确定，录入企业的纳税人识别号（15 位数）。

3）技术监督局码：技术监督证书号码，即纳税人识别号后 9 位。

4）用户名称：根据企业税务登记证上的“企业名称”录入。如果企业全称超过 15 个中文字符，只需录入企业名称中前 15 个中文字符即可。

5）邮编、财务负责人、办税员、电话、传真和电子邮件地址根据企业真实情况填写即可。

6）退税登记证号：录入出口退税认定表上的 11 位退税登记证号。

7）退税登记日期：录入出口退税认定表上签发的日期。

8）纳税人类别：一般纳税人录入“1”即可。

9）计税计算方法：新发生出口业务的生产企业自首笔出口业务之日起 12 个月内不得享受退税待遇，并且进项税额只能是作留抵，该栏应录入“4”。第一笔出口满 12 个月（以报关单中报关离境日期为准）、年销售额 500 万元以上的生产企业，自第 13 个月起，采用“免抵退”计税方法，须到退税机关申请修改配置。

10）进料计算方法：所有企业该栏录入“2”（购进法）。

11）分类管理代码：所有企业该栏录入“B”。

12）税务机关代码：所有企业该栏录入所在地税务机关代码，如“110108”。

13）税务机关名称：所有企业该栏录入所在地税务机关名称，如“高新区国家税务局”。

14）检查无误后，点“保存”按钮。

（3）企业信息设置完成后，重新进入系统。

3. 录入退税申报数据

（1）有进料加工业务的企业，备案当月，在退税申报系统中，点击“向导”第一步“免抵退明细数据采集”—“进料加工手册登记录入”，点击“增加”按钮，录入完成后点击“保存”按钮。

料件进口当月，在退税申报系统中，点击“向导”第一步“免抵退明细数据采集”—“进口料件明细申报录入”，点击“增加”按钮，录入完成后点击“保存”按钮。

（2）无进料加工业务的企业，直接点击“向导”第一步“免抵退明细数据采集”—“出口货物明细申报录入”，录入申报期当期发生的且做账务处理的所有出口明细。点击“增加”按钮，录入完成后点击“保存”按钮。

然后，点击“向导”第一步“免抵退明细数据采集”—“收齐出口单证明细录入”，将前期单证不齐本期做收齐的处理。点击“修改”按钮，录入完成后点击“保存”按钮。

4. 生成预申报数据

(1) 建立四个文件夹：YSH——生成预申报数据；FK——下载反馈文件；MX——生成明细申报数据；HZ——生成汇总申报数据。

(2) 点击“向导”第三步“免抵退税预申报”—“数据一致性检查”，根据提示修改录入数据，直至没有错误。

(3) 点击“向导”第三步“免抵退税预申报”—“生成预申报数据”，确定后，浏览并选择 YSH 文件夹，确定生成预申报数据。

5. 网上预申报和查看预审反馈

(1) 登录“出口退税网”，点击“数据申报”，选择“申报所属期”，点击“下一步”，浏览并选择 YSH 的上一级文件夹，点击“上传”按钮，稍后系统将提示数据申报成功。

(2) 一般当天上午申报后，下午就能查看反馈文件。点击“数据管理”，如果此批数据状态为“已反馈”，则点开后，点击“查看内容”，就可以看到本批数据的疑点。

(3) 根据疑点描述，返回申报系统修改数据后重新预申报，直至没有疑点。

(4) 选择“已反馈”，点击“反馈文件下载”，浏览并选择已建好的 FK 文件夹，保存反馈文件。

6. 读入预审反馈，生成明细申报数据

(1) 点击“向导”第四步“预审反馈疑点调整”—“税务机关反馈信息读入”，浏览选择 FK 文件夹，读入反馈信息。

(2) 点击“向导”第四步“预审反馈疑点调整”—“撤销已申报数据”，选择“确定”。

(3) 点击“向导”第四步“预审反馈疑点调整”—“税务机关反馈信息处理”，选择“是”。

(4) 点击“向导”第五步“生成明细申报数据”—“数据一致性检查”，如果有问题则需要再修改。

(5) 点击“向导”第五步“生成明细申报数据”—“生成明细申报数据”，点击“确定”。浏览并选择 MX 文件夹，生成明细申报数据。

7. 录入单证备案数据

在申报系统中，点击“基础数据采集”—“企业经营情况”—“出口货物单证备案目录录入”，点击“增加”按钮，根据相关单证的编号，录入此批出口的单证备案数据并生成远程预审文件，等待审批及查收退税金额到账。

拓展知识

出口货物退（免）税

出口货物退（免）税是一个国家税收制度的重要组成部分，通过退还（或免征间接税）出口货物在国内生产、流通环节实际已缴纳的增值税、消费税，本国产品能够以不含税的价格进入国际市场，公平竞争，提升竞争力。出口货物退（免）税是WTO允许的一项平衡国际贸易税负的措施，被大多数国家所接受。我国的出口货物退（免）税是指在国际贸易业务中，对有出口经营权的企业出口的货物（另有规定的除外），在货物报关出口并完成财务手续后，凭有关凭证按期报送税务机关批准退还或免征其在国内各生产和流转环节按税法规定已缴纳的增值税和消费税。出口企业可在通过登录出口退税申报系统如实录入相关数据后，携带相关资料到税务部门办理退税申报手续。出口货物退（免）税是各国在国际贸易中的惯用做法，不能理解为一种简单的出口补贴。

项目实训

实训任务1　拟写业务善后函（拒付）

※实训材料※

合肥体育用品进出口有限公司收到议付行拒付通知（如表5－2所示），请你代表公司拟写一份善后函。

表5－2　拒付通知

中国银行
BANK OF CHINA

拒付通知书
Notification of Dishonor

ADDRESS：50 HUHUA ROAD，HEFEI，ANHUI，CHINA
CABLE：CHUNGKUO
TELEX：33062 BOCSH E CN
SWIFT：BKCHCMBJ300
FAX：3232071　　　　DATE：2020－04－06

To：HEFEI SPORTING GOODS IMP. & EXP. CORP. 215，HUHUA ROAD， HEFEI，ANHUI，CHINA		WHEN CORRESPONDING PLEASE QUOTE OUR REF. NO. 1111－01

续前表

<table>
<tr><td colspan="2">ISSUING BANK 开证行
Deutsche Bank, Hamburg, Germany</td><td>TRANSMITTED TO US THROUGH 转递行</td></tr>
<tr><td>L/C NO. 信用证号
SPT-SGLC 28</td><td>DATED 开证日期</td><td>AMOUNT 金额
USD 19 295.00</td></tr>
<tr><td colspan="3">Dear sirs，径启者
We have to advise you that we have received from the a/m bank a(n)Notification of Dishonor reads：
兹通知贵司，我行收自上述银行的拒付通知如下：

WE FIND THE DOCUMENTS UNDER CAPTIONED L/C CONTAINING FOLLOWING DISCREPANCIES:
* THE ON BOARD DATE IN THE B/L IS THREE DAYS LATTER THAN THE LATEST SHIPMENT DATE SPECIFIED IN THE L/C.
Please contact the Buyer and we hold your documents at your disposal.

BANK OF CHINA，ANHUI BRANCH</td></tr>
</table>

经查，此次延误是由于工厂仓库遭火灾，烧毁了部分制成品，延误了生产计划造成的。请向外方去函致歉，改作托收，希望其尽快付款赎单。

※操作完成※

▶ 实训任务 2　拟写业务善后函（顺利结汇）

※实训材料※

上海盛蔚医疗用品有限公司与南非老客户 The Global International Co.，Ltd 上月完成了一笔出口生意（PI No.：SHSW202003W988），现已顺利收齐全部货款。请以盛蔚公司业务员的角色拟写一封善后函，对交易顺利完成表示感谢，期望继续加大合作，并承诺只要下个月新订单超过 10 万美元，将给予 2%的额外折扣和优先交货、新品独家代理等支持。

※操作完成※

▶ 实训任务 3　办理出口退税

※实训材料※

2020 年 4 月 1 日，安徽土产有限公司外贸业务员收到中国农业银行股份有限公司安徽省分行结汇收账通知（银行水单）如表 5-3 所示：

表 5-3　外汇结汇收账通知

外汇结汇收账通知（人民币）	中国农业银行股份有限公司安徽省分行	
□日期　2020 年 4 月 1 日	第五联	
□户名　安徽土产有限公司		
□账号　767081008630		
□外汇金额　USD 282 386.50 □人民币金额 CNY 1 809 476.21	□牌价 USD 1=CNY6.907 8	
□摘要 业务编号：111BP0700178　发票号码：JY110528 发票金额：USD 282 800.00 国外扣费：USD 60.00 国内扣费：USD 353.50　　备注： 扣费合计：USD 413.50 申报号码：330100007701081020PO29 核销单号：338667835	□净额　USD 282 386.50	
□会计　王丽	□复核　李红	□记账　张静

2020 年 4 月 5 日，外贸业务员王敏或财务部相关人员办理出口退税工作。

※操作完成※

在电脑上下载、安装、登录出口退税申报系统并填写相关申报资料。

参考文献

[1] 孟祥年．国际贸易实务操作教程［M］．2版．北京：对外经济贸易大学出版社，2005.

[2] 刘珉，陈虹．国际贸易实务实训教程［M］．北京：对外经济贸易大学出版社，2009.

[3] 阿里巴巴官方网站．https://www.alibaba.com.

[4] 中国出口信用保险公司官方网站．http://www.sinosure.com.cn.

[5] 中国进出口商品交易会官方网站．https://www.cantonfair.org.cn.

图书在版编目（CIP）数据

国际贸易实务操作教程/李二敏，蒋立才，许寒主编. -- 北京：中国人民大学出版社，2021.2
21世纪高职高专规划教材. 国际经济与贸易系列
ISBN 978-7-300-29083-6

Ⅰ.①国… Ⅱ.①李… ②蒋… ③许… Ⅲ.①国际贸易-贸易实务-高等职业教育-教材 Ⅳ.①F740.4

中国版本图书馆CIP数据核字（2021）第035059号

全国职业院校国际贸易专业"新形态"教材
21世纪高职高专规划教材·国际经济与贸易系列
国际贸易实务操作教程
主　编　李二敏　蒋立才　许　寒
副主编　卫　薇　孙训爽　王皓洁
Guoji Maoyi Shiwu Caozuo Jiaocheng

出版发行	中国人民大学出版社		
社　　址	北京中关村大街31号	**邮政编码**	100080
电　　话	010－62511242（总编室）		010－62511770（质管部）
	010－82501766（邮购部）		010－62514148（门市部）
	010－62515195（发行公司）		010－62515275（盗版举报）
网　　址	http://www.crup.com.cn		
经　　销	新华书店		
印　　刷	北京溢漾印刷有限公司		
规　　格	185 mm×260 mm　16开本	**版　　次**	2021年2月第1版
印　　张	11 插页1	**印　　次**	2021年2月第1次印刷
字　　数	208 000	**定　　价**	30.00元

信息反馈表

尊敬的老师:

您好! 为了更好地为您的教学、科研服务，我们希望通过这张反馈表来获取您更多的建议和意见，以进一步完善我们的工作。

请您填好下表后以电子邮件、信件或传真的形式反馈给我们，十分感谢!

一、您使用的我社教材情况

您使用的我社教材名称			
您所讲授的课程		学生人数	
您希望获得哪些相关教学资源			
您对本书有哪些建议			

二、您目前使用的教材及计划编写的教材

您目前使用的教材	书名	作者	出版社
您计划编写的教材	书名	预计交稿时间	本校开课学生数量

三、请留下您的联系方式，以便我们为您赠送样书（限1本）

您的通信地址			
您的姓名		联系电话	
电子邮箱（必填）			

我们的联系方式:

地　址: 苏州工业园区仁爱路158号中国人民大学苏州校区修远楼

电　话: 0512-68839320　　传　真: 0512-68839316

网　址: www.crup.com.cn　　邮　编: 215123